普通高等学校学前教育专业系列教材

# 数 学（一）

## （第二版）

总 主 编 孔宝刚
执 行 主 编 樊亚东
本 册 主 编 孔宝刚
本册编写人员（按姓氏笔画排列）
于洪波　王新冉　孔宝刚　邢　玲
刘　艳　汤小如　许文龙　李军华
吴宇华　沈　英　张　鹏　赵筑申
耿　焱　顾正刚　董艳艳　靳一娜
樊亚东　薛祖华　戴　琛

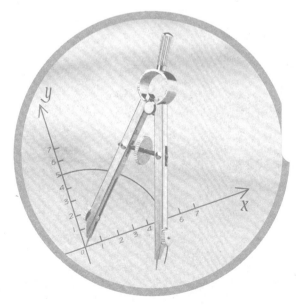

复旦大学出版社

## 内容提要

本册书是高等幼儿师范学校学前教育专业数学课程教材的第一册（全部教材共三册）.内容主要包括集合、函数、不等式和数列.首先在集合与对应的基础上建立了一般函数的模型；接着具体讨论了几种常见的函数实例，如指数函数、对数函数、三角函数等；最后，运用函数的思想方法讨论了涉及不等式以及数列的简单问题.通过本册书的学习，体会数学中描述变量之间的关系，感悟通过建立数学模型来刻画和研究现实世界的数学原理、思想和方法.

本书适合作为各类职业技术院校学前教育以及早期教育专业以及幼儿师范学校的数学文化基础课教材.

# 第一版前言

随着我国幼儿师范教育体制改革的不断深入,我国大部分中等幼儿师范学校已升格为专科学校,因此编写一套具有时代特征并且针对性较强的学前教育数学教材,显得十分迫切和必要,因此我们组织编写了这一套学前教育数学教材.

本教材共分三册,每学年一册.教材的内容汲取国内外先进的数学教育思想、教育观念和教育方法,融合教育部《普通高中数学课程标准(实验)》的精神,贴近学前教育专业的目标与要求,体现学前教育专业数学课程的基本理念,突出数学基础知识和技能的系统性、科学性、示范性和实用性,旨在帮助学生认识数学的科学价值、文化价值和应用价值,并获得适应现代生活、胜任幼儿教育和未来发展所需要的数学素养.

教材具有以下几个主要特点:

1. 注重内容的基础性和系统性.教材在内容安排上突出知识和技能的基础性,在数学理论、方法、思想上体现了与时俱进的"双基"内涵,改变了"繁、难、偏、旧"状态,增加了符合时代要求的新的基础知识和基本技能.教材按知识发展、问题背景、思想方法、数学理论、简单应用等主要环节逐步展开,通过问题将知识贯通.

2. 注重理论与实践相结合.教材充分关注数学与自然、生活、科技、文化等多门学科的联系,力图使学生在丰富的、现实的、与他们经验密切联系的背景中感受数学思想、建立数学模型、运用数学方法,在知识的发展与运用过程中,培养学生的思维能力、创新意识和应用意识,让学生感受到数学与外部世界是息息相关、紧密相连的.

3. 突出选择性和针对性.教材在内容安排上分必学内容和选择性内容两部分(章节前面有 * 为选择性内容),充分考虑不同地区、不同学生的需求,为学生的不同发展提供了一定的选择空间,也为教师的教学留有一定的余地.另外,针对培养的学生是未来从事幼儿教育的实际,在每章内容安排上都有针对性地插入适量的"习题课",以进行知识巩固练习和技能练习,提高学生的基本技能.

4. 教材编写结构新颖.全书主要按"问题背景→意义建构→思想方法→数学理论→实际应用→小结回顾"的呈现方式进行组织和编写,内容通俗易懂,特别重视知识与方法的发生过程,选题的起点虽低,但注重本质且形式多样,易于教,也易于学.

本教材在编写过程中,经过了专家的反复论证和编写人员的多次修改,并得到了参编学校领导的大力支持及有关专家的帮助,在此表示感谢.由于时间有限,难免有错误和不当之处,敬请各位专家、同行给予指正.

编 者

2006 年 5 月

# 总　　序

　　学前教育是国民教育体系的重要组成部分，是终身教育的开端，幼儿教师教育担负着学前教师职前培养和职后培训、促进教师专业成长的双重任务，在教育体系中具有职业性和专业性、基础性和全民性的战略地位。

　　自1903年湖北幼稚园附设女子速成保育科诞生始，中国幼儿教师教育走过了百年历程。可以说，20世纪上半叶中国幼儿教师教育历经从无到有、从抄袭照搬到学习借鉴的萌芽、创建过程；新中国成立以后，幼儿教师教育在规模与规格、质量与数量、课程与教材建设等方面得到较大提升与发展。中国幼儿教师教育历经稳步发展、盲目冒进、干扰瘫痪、恢复提高和由弱到强的发展过程。

　　1999年3月，教育部印发《关于师范院校布局结构调整的几点意见》，幼儿教师教育的主体由中等教育向高层次、综合性的高等教育转变；由单纯的职前教育向职前职后教育一体化、人才培养多样化转变；由独立、封闭的办学形式向合作、开放的办学形式转变；由单一的教学模式向产学研相结合的、起专业引领和服务支持作用的综合模式转变。形成中专与大专、本科与研究生、统招与成招、职前与职后、师范教育与职业教育共存的，以专科和本科层次为主的，多规格、多形式、多层次幼儿教师教育结构与体系。幼儿教师教育进入由量变到质变的转型提升进程，由此引发了人才培养、课程设置、教学内容等方面的重大变革。课程资源，特别是与之相适应的教材建设成为幼儿教师教育的当务之急。

　　正是在这一背景下，"全国学前教育专业系列教材"编审委员会在广泛征求意见和调查研究的基础上，开始酝酿研发适应幼儿教师教育转型发展的专业教材，这一动议得到有关学校、专家的认同和教育部师范教育司有关领导的大力支持。2004年4月，复旦大学出版社组织全国30余所高校学前教育院系、幼儿师范院校的专家、学者会聚上海，正式启动"全国学前教育专业系列"教材研发项目。2005年6月，第一批教材与广大师生见面。此时，恰逢"全国幼儿教师教育研讨会"召开，研讨会上，教育部师范教育司有关领导对推进幼儿教师教育优质课程资源建设作出指示："一是直接组织编写教材，二是遴选优秀教材，三是引进国外优质教材；开发建设有较强针对性、实效性、反映学科前沿动态的、幼儿教师培养和继续教育的精品课程与教材。"

　　结合这一指示精神，编审委员会进一步明确了教材编写指导思想和教材定位。首先，从全国有关院校遴选、组织一批政治思想觉悟高、业务能力强、教育理论和教学实践经验丰富的专家学者，组成教材研发、编撰队伍，探索建立具有中国幼儿教师教育特色、引领学前教育和专业发展的、反映课程改革新成果的教材体系；努力打造教育观念新、示范性强、实践效果好、影响面大和具有推广价值的精品教材。其次，建构以专科、本科层次为主，兼顾中等教育和职业教育，多层次、多形式、多样化的文本与光盘相结合的课程资源库，有效满足幼儿教师教育对课程资源的需求。

经过十年多来的教学实践与检验,教材研发的初衷和目的初步实现。截至2013年4月,系列教材共出版120余种,其中8种教材被教育部列选为普通高等教育"十一五"、"十二五"国家级规划教材,《手工基础教程》被教育部评选为普通高等教育"十一五"国家级精品教材,《幼儿教师舞蹈技能》荣获教育部教师教育国家精品资源共享课,《健美操教程》获得教育部"教育改革创新示范"教材;系列教材使用学校达600余所,受益师生数十万人次。

伴随国务院《关于当前发展学前教育的若干意见》和《国家中长期教育改革和发展规划纲要(2010—2020年)》的贯彻落实,幼儿教师准入制度和标准的建立、健全,幼儿教师教育面临规范化、标准化、专业化和前瞻化发展的机遇与挑战。一方面,优质学前教育资源已成为国民普遍地享受高质量、公平化、多样性学前教育的新诉求,人才培养既要满足当前学前教育快速发展对幼儿师资的需求,还要确保人才培养的高标准、严要求以及幼儿教师职后教育的可持续发展;另一方面,学前教育专业向0～3岁早期教育、婴幼儿服务、低幼儿童相关产业等领域拓展与延伸,已然成为专业发展与服务功能发挥的必然趋势,这一发展动向既是社会、国民对专业人才的要求与需求,也是高等教育服务社会、培养高层次专业人才的使命。为应对机遇与挑战,幼儿教师教育将会在三个方面产生新变化:一是专业发展广义化,专业方向多元化,人才培养多样化,教师教育终身化;二是课程设置模块化,课程方案标准化,课程发展专业化和前瞻化;三是人才培养由旧三级师范教育(中专、专科、本科)向新三级师范教育(专科、本科、研究生)稳步跨越。

为及时把握幼儿教师教育发展的新变化,特别是结合2011年10月教育部颁布的《教师教育课程标准(试行)》及2012年10月颁布的《3—6岁儿童学习与发展指南》,编审委员会将与广大高校学前教育院系、幼儿师范院校共同合作,从三个方面入手,着力打造更为完备的幼儿教师教育课程资源与服务平台,并把这套教材归入"全国学前教育专业(新课程标准)'十二五'规划教材"系列。第一,探索研发应用型学前教育专业本、专科层次系列教材,开发与专业方向课程、拓展课程、工具性课程、实践课程和模块化课程相匹配的教材,研发起专业引领作用的幼儿教师继续教育教材;第二,努力将现代科学技术、人文精神、艺术素养与幼儿教师教育有效融合并体现在教材之中,有效提升幼儿教师综合素养;第三,教材编写力图体现幼儿教师教育发展趋势与专业特色,反映优秀中外教育思想、幼儿教师教育成果,全面提高幼儿教师教育质量;第四,建构文本、多媒体和网络技术相互交叉、相互整合、相互支持的立体化、网络化、互动化的幼儿教师教育课程资源体系,为创建具有中国特色的幼儿教师教育高品质专业教材体系贡献我们的力量。

"全国学前教育专业系列教材"编审委员会<br>
2014年4月

# 第二版修订说明

2006年，由孔宝刚老师主编、复旦大学出版社出版的全国学前教育专业系列数学教材正式出版。这套教材针对高等幼儿师范学校学生数学学习实际展开编写，10年多来，已被全国各地100多所教学单位使用，发行量各册累计超过20万册。在使用期间，各使用单位普遍认为本教材观念新、实践性强。教材一方面通过具体的实例，帮助学生通过观察、比较、分析、综合、抽象和推理，得出数学概念和规律；另一方面能让学生运用所学知识，将实际问题抽象成数学问题，建立数学模型并加以解决。随着使用的深入，我们也发现，教材与幼儿师范学校学生的思维和专业特点的结合仍有待加强。值此再版之际，我们对本套教材进行了全面修订，力求全面把握数学与学生思维特点的结合，并充分关注学前教育专业学生未来的职业需求。

在第二版中，我们纠正了部分章节及习题中的一些不够严谨的题目，并删去了一些相对陈旧的知识；同时在每一章节的引文、例题和练习中，尽量使用幼儿园中的实例，并在每一章节的后面增加"知识与实践"环节，把幼儿教师教学过程中经常碰到的相关数学问题做一个呈现和分析。修改后的教材呈现以下三个特点：

一、更贴近学生。高等幼儿师范学校主要招收初中起点的女生，针对不少女生思维灵活度不够，理解能力弱，分析综合能力差的特点，以感性图像为切入口，以幼师学生生活实际场景作问题情境，集知识性、趣味性、实用性于一体；适当调整必修和选修内容的比例，增加课程的选择性和弹性；每章节后的习题设计注重基础与提高，强化变式训练，满足不同层次学生的需求。

二、更贴近时代。新教材紧跟时代步伐、放眼学前教育未来发展，强化方法、应用、探究等方面的内容，充分结合学前教育人才培养实际，紧扣现代实践型幼儿教师的培养目标，时代性强。

三、更贴近专业。新增的"知识与实践"板块设计凸显专业性特点，以未来职业中面临的幼儿园教育实例作为媒介进行探讨，并把重点放在解决未来幼儿教师教学实际上，使教材内容与专业要求更为贴近，突出"学以致用"的特点。

我们希望通过修订，能更好地解决幼儿师范学校数学教学中的一些困惑与矛盾，提升学生数学素养，激发学生学习数学的积极性，更提高数学学习在学生未来工作中的实用性。

在本教材修订的过程中，得到了苏州高等幼儿师范学校数学教研室薛祖华、戴琛、顾正刚、董艳艳、刘艳、张鹏、沈英、邢玲和吴宇华老师的大力支持和帮助，特别感谢苏州大学唐复苏老师给予的极大的耐心指导和鼓励。在此，一并向他们表示由衷地感谢。

由于我们能力有限，难免书稿中还有一些错误，敬请各位专家和同仁给予批评指正。

学前教育专业数学系列教材编写组<br>
2014年5月

# 目 录

## 第一章  集合 / 1

1.1 集合的含义与集合间的基本关系 / 2
    1.1.1 集合的含义与表示 / 2
    1.1.2 集合间的基本关系 / 4

1.2 集合的基本运算 / 7
    1.2.1 交集、并集 / 7
    1.2.2 补集 / 9

*1.3 集合中元素的个数 / 12

1.4 习题课 / 14

小结 / 17

## 第二章  基本初等函数 I / 19

2.1 函数与映射 / 20
    2.1.1 函数的概念 / 21
    2.1.2 函数的表示法 / 24
    2.1.3 映射 / 25

2.2 习题课 1 / 27

2.3 函数的基本性质 / 29
    2.3.1 函数的单调性 / 29
    2.3.2 函数的最大(小)值 / 31
    2.3.3 函数的奇偶性 / 33

*2.4 反函数 / 37
    2.4.1 反函数的概念 / 37
    2.4.2 互为反函数的函数图像间的关系 / 38

2.5 习题课 2 / 40

2.6 指数与指数幂运算 / 43
    2.6.1 根式 / 43
    2.6.2 分数指数幂 / 44
    2.6.3 无理数指数幂 / 46

2.7 指数函数及其性质 / 48

2.8 习题课 3 / 52

2.9 对数与对数运算 / 55

2.9.1 对数的概念 / 55

2.9.2 对数的运算性质 / 57

*2.10 换底公式 / 59

2.11 对数函数及其性质 / 61

2.12 习题课 4 / 65

小结 / 68

## 第三章

**不等式** / 71

3.1 不等关系 / 72

3.2 不等式的解法 / 74

3.2.1 含有绝对值的不等式的解法 / 74

3.2.2 一元二次不等式的解法 / 77

*3.2.3 不等式的解法举例 / 79

3.3 基本不等式及其应用 / 81

3.4 习题课 / 85

小结 / 88

## 第四章

**数列** / 91

4.1 数列的概念 / 92

4.2 等差数列 / 96

4.2.1 等差数列及其通项公式 / 96

4.2.2 等差数列的前 $n$ 项和 / 100

4.3 等比数列 / 103

4.3.1 等比数列及其通项公式 / 103

4.3.2 等比数列的前 $n$ 项和 / 106

4.4 习题课 / 109

小结 / 112

## 第五章

**基本初等函数 II** / 115

5.1 角的概念的推广 / 116

5.2 弧度制 / 119

5.3 习题课 1 / 122

5.4 三角函数 / 124

5.4.1 任意角的三角函数 / 124

5.4.2 同角三角函数的基本关系式 / 128

5.4.3 诱导公式 / 130

　　　　5.4.4　两角和的三角函数 / 134
　　　*5.4.5　两角差的三角函数 / 138
　　　　5.4.6　二倍角的三角函数 / 140
　5.5　习题课 2 / 143
　5.6　三角函数的图像和性质 / 146
　　　　5.6.1　正弦函数、余弦函数的图像和性质 / 146
　　　*5.6.2　正切函数的图像和性质 / 150
　　　*5.6.3　函数 $y=A\sin(\omega x+\varphi)$ 的图像 / 152
　　　*5.6.4　已知三角函数值求角 / 155
　5.7　习题课 3 / 157
　小结 / 161

# 第六章

**解三角形 / 165**

　6.1　正弦定理 / 166
　6.2　余弦定理 / 170
　6.3　正弦定理、余弦定理的应用 / 173
　6.4　习题课 / 176
　小结 / 178

# 附　录

**阅读材料 1** / 180
**阅读材料 2** / 181
**阅读材料 3** / 182

# 本书部分常用符号　　　／184

# 第一章 集 合

1.1 集合的含义与集合间的基本关系
1.2 集合的基本运算
*1.3 集合中元素的个数
1.4 习题课
小结

在幼儿园的一次活动中，老师要求小朋友在观察给定的一些树叶后，按树叶的大小、外形、颜色进行分类，并记下分类后的数量，也就是说"集合"知识的运用已渗透到了学前教育的活动中．在本章，我们将学习集合的一些基本知识，用集合的语言来表示有关的数学对象，用集合的方法解决有关的数学问题．

# 1.1 集合的含义与集合间的基本关系

## 1.1.1 集合的含义与表示

在某幼儿园举办的一次体育比赛中,共有两类项目的比赛:田径项目和球类项目.星星班有10名同学参加了田径项目比赛,有8名同学参加了球类项目比赛,在这次体育比赛中,这个班有18名同学参加比赛吗?

观察下面一些例子:
(1) 星星班的所有同学;
(2) 星星班所有参加田径项目比赛的同学;
(3) 星星班所有参加球类项目比赛的同学.

在例(1)中我们把星星班的每一名同学作为一个元素,这些元素的全体便组成一个集合;在例(2)中我们把星星班所有参加田径项目比赛的每一名同学作为一个元素,这些元素的全体便组成一个集合;同样,在例(3)中我们把星星班所有参加球类项目比赛的每一名同学作为一个元素,这些元素的全体便组成一个集合.

一般地,我们把一定范围内研究的对象称为**元素**(element),把一些确定的元素组成的总体叫做**集合**(set).

给定集合中的元素必须是确定的.例如,"中国的直辖市"构成一个集合,该集合的元素就是北京、天津、上海和重庆,而南京、合肥等市就不是这个集合中的元素;"china"中的字母构成一个集合,该集合中的元素就是 c,h,i,n,a."歌唱得好的人"不能构成集合,因为组成它的元素是不确定的.

给定集合中的元素是互不相同的,也就是说,集合中的元素是不重复出现的.例如,"book"中的字母构成一个集合,该集合中的元素是 b,o,k.

集合常用大写的拉丁字母来表示,如集合 $A$、集合 $B$……,元素常用小写的拉丁字母来表示,如元素 $a$、元素 $b$……

如果 $a$ 是集合 $A$ 中的元素,就记作 $a \in A$,读作"$a$ 属于 $A$";如果 $a$ 不是集合 $A$ 的元素,就记作 $a \notin A$,读作"$a$ 不属于 $A$".

表示集合的常用方法有以下两种：

**列举法**：将集合中的元素一一列举出来，并置于大括号"{ }"内，如{北京,天津,上海,重庆},{c, h, i, n, a}.用这种方法表示集合,元素之间要用逗号分隔,但列举法与元素的次序无关.

**描述法**：将集合的所有元素都具有的性质（满足的条件）表示出来,写成$\{x|P(x)\}$的形式,如$\{x|x$是1~20以内的偶数$\}$.

有时用文氏(Venn)图来示意集合更加形象直观,如图1-1-1所示.

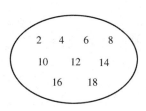

图1-1-1

数学中一些常用的数集及其记法如下：

全体非负整数组成的集合称为**非负整数集**（或自然数集），记为 **N**；

所有正整数组成的集合称为**正整数集**，记为 $\mathbf{N}_+$；

全体整数组成的集合称为**整数集**，记为 **Z**；

全体有理数组成的集合称为**有理数集**，记为 **Q**；

全体实数组成的集合称为**实数集**，记为 **R**.

**例1** 试分别用列举法和描述法表示下列集合：

(1) 方程 $x^2 - 4 = 0$ 的所有实数根组成的集合；

(2) 大于5小于12的所有整数组成的集合.

**解**：(1) 设方程 $x^2 - 4 = 0$ 的实数根为 $x$，

方程 $x^2 - 4 = 0$ 的解集用描述法表示为

$$A = \{x \mid x^2 - 4 = 0, x \in \mathbf{R}\}.$$

方程 $x^2 - 4 = 0$ 的实数根是2，-2，因此集合 $A$ 用列举法表示为

$$A = \{2, -2\}.$$

(2) 设大于5小于12的整数为 $x$，因此，所要表示的集合用描述法以及列举法可分别表示为

$$B = \{x \mid 5 < x < 12, x \in \mathbf{N}\},$$
$$B = \{6, 7, 8, 9, 10, 11\}.$$

**例2** 求不等式 $2x - 5 < 3$ 的解集.

**解**：由 $2x - 5 < 3$ 可得 $x < 4$，所以不等式 $2x - 5 < 3$ 的解集为 $\{x \mid x < 4, x \in \mathbf{R}\}$.

这里 $\{x \mid x < 4, x \in \mathbf{R}\}$ 可简记为 $\{x \mid x < 4\}$.

我们知道,方程 $x^2 + x + 1 = 0$ 没有实数根,所以方程 $x^2 + x + 1 = 0$ 的实数根组成的集合中没有元素.

我们把不含任何元素的集合叫做**空集**(empty set)，记为 $\varnothing$.

**例3** 求方程 $x^2 + x + 1 = 0$ 的所有实数解的集合.

**解**：因为 $x^2 + x + 1 = 0$ 没有实数解,所以

$$\{x \mid x^2 + x + 1 = 0, x \in \mathbf{R}\} = \varnothing.$$

**练习**

1. 用符号"$\in$"或"$\notin$"填空：

(1) 设 $A$ 为所有亚洲国家组成的集合,则

1.1 集合的含义与集合间的基本关系

中国＿＿＿A，法国＿＿＿A，

德国＿＿＿A，日本＿＿＿A；

(2) 0＿＿＿**N**，－4＿＿＿**N**，π＿＿＿**Q**，$\frac{3}{2}$＿＿＿$\{2,3\}$，

3.2＿＿＿**Z**，－9＿＿＿**Q**，$\sqrt{3}$＿＿＿**R**，0＿＿＿$\varnothing$；

(3) $A=\{x\mid x^2-3x=0\}$，则 0＿＿＿$A$，－3＿＿＿$A$；

(4) $B=\{x\mid 2<x<9,x\in \mathbf{N}\}$，则 $\frac{1}{2}$＿＿＿$B$，3＿＿＿$B$；

(5) $C=\{x\mid -2<x<9,x\in \mathbf{R}\}$，则 $\frac{1}{2}$＿＿＿$C$，9＿＿＿$C$。

(6) 若 $2\in \{x\mid x^2+px-1=0\}$，则 $p=$＿＿＿.

2. 判断下列命题是否正确：

(1) "某幼师舞蹈跳得好的同学"构成一个集合；

(2) 小于4且不小于－1的奇数集合是$\{-1,1,3\}$；

(3) 集合$\{0\}$中不含有元素；

(4) $\{-1,3\}$与集合$\{3,-1\}$是两个不同的集合；

(5) "充分接近$\sqrt{5}$的实数"构成一个集合；

(6) 已知集合$S=\{a,b,c\}$中的元素是$\triangle ABC$的三边长，那么，$\triangle ABC$一定不是等腰三角形.

(7) 若集合$A=\{x\mid ax^2-2x+1=0\}$中仅有一个元素，则实数$a=$＿＿＿.

3. 用列举法表示下列集合：

(1) $A=\{x\mid x^2-3=0\}$；

(2) $B=\{x\mid 3<x<10,x\in \mathbf{N}\}$；

(3) $C=\{x\mid x$是"mathematics"中的字母$\}$；

(4) $D=\{(x,y)\mid 0\leqslant x\leqslant 2,0\leqslant y<2,x,y\in \mathbf{Z}\}$.

4. 用描述法表示下列集合：

(1) 由方程$x^2-8=0$所有的实数根组成的集合；

(2) 不等式$3x+5>0$的解集；

(3) 正偶数的集合.

5. 用两种方法表示方程组  的解集.

6. 2是否为集合$M=\{1,x,x^2-x\}$中的元素？若是求出$x$的值；若不是则说出理由.

## 1.1.2 集合间的基本关系

**？问题**

在实数集合中，任意两个实数间有相等关系、大小关系等等。类比实数之间的关系，集合之间会有什么关系？

观察下列各组集合,你能发现两个集合间的关系吗?你能用语言来表述这种关系吗?

(1) $A=\{1,2,3\}, B=\{-1,0,1,2,3,4\}$;

(2) $A=\{x|x$ 是某幼师 10 级(8)班的学生$\}$;
   $B=\{x|x$ 是某幼师 10 级的学生$\}$;

(3) $A=\{x|x$ 是中国的四大发明$\}, B=\{$指南针,造纸,火药,活字印刷$\}$.

在问题(1)、(2)中,集合 $A$ 与集合 $B$ 都有这样的一种关系,即集合 $A$ 的任何一个元素都是集合 $B$ 的元素.

一般地,如果集合 $A$ 的任何一个元素都是集合 $B$ 的元素,则称集合 $A$ 为集合 $B$ 的**子集**(subset),记为 $A \subseteq B$ 或 $B \supseteq A$,读作"集合 $A$ 包含于集合 $B$",或"集合 $B$ 包含集合 $A$". 如

$$\{1,2,3\} \subseteq \{-1,0,1,2,3,4\}.$$

$A \subseteq B$ 可以用文氏图示意,如图 1-1-2 所示.

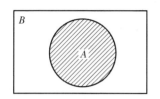

图 1-1-2

根据子集的定义,我们知道 $A \subseteq A$. 也就是说,任何一个集合是它本身的子集,对于空集 $\varnothing$,我们规定 $\varnothing \subseteq A$,即空集是任何集合的子集.

在问题(3)中由于"中国的四大发明"就是指南针、造纸、火药、活字印刷,因此,集合 $A$ 中的元素与集合 $B$ 中的元素是完全相同的.

如果两个集合所含的元素完全相同(即集合 $A$ 的元素都是集合 $B$ 的元素,集合 $B$ 的元素也都是 $A$ 的元素),则称这两个集合相等.记作 $A=B$,如

$$\{x|x \text{ 是中国的四大发明}\}=\{\text{指南针,造纸,火药,活字印刷}\}.$$

$$\{x \mid x^2-4=0, x \in \mathbf{R}\}=\{2,-2\}.$$

 **例 1** 写出集合 $\{a, b\}$ 的所有子集.

**解**:集合 $\{a, b\}$ 的所有子集是 $\varnothing$,$\{a\}$,$\{b\}$,$\{a, b\}$.

如果 $A \subseteq B$ 并且 $A \neq B$,这时集合 $A$ 称为集合 $B$ 的**真子集**(proper subset),记作 $A \subset B$ 或 $B \supset A$,读作"$A$ 真包含于 $B$"或"$B$ 真包含 $A$",如 $\{a\} \subset \{a, b\}$;$\{b\} \subset \{a, b\}$.(符号"$\subset$"也可表示为"$\subsetneq$")

 **例 2** 下列各组的三个集合中,哪两个集合之间具有真包含关系?

(1) $S=\{-3,-1,0,1,3\}, A=\{-3,-1\}, B=\{0\}$;

(2) $S=\{x|x$ 为地球人$\}, A=\{x|x$ 为中国人$\}, B=\{x|x$ 为新加坡人$\}$.

**解**:在(1)、(2)中都有 $A \subset S$,$B \subset S$,可用图 1-1-3 来表示.

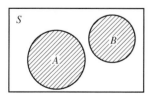

图 1-1-3

 1. 判断下列表示是否正确:

(1) $\{0, 2, 5\} \subseteq \{0, 2, 5\}$;  (2) $a \subseteq \{a\}$;

**1.1 集合的含义与集合间的基本关系**

(3) $\{1\} \in \{1,2\}$;            (4) $\varnothing \subset \{0\}$;

(5) $\{a,b\} = \{b,a\}$;        (6) $\varnothing = \{0\}$;

(7) $A = \{x \mid 1 < x < 4\}$, $B = \{x \mid 0 < x < 2\}$, 则 $A \subset B$.

2. 写出集合 $\{1,2,3\}$ 的所有子集,并指出哪些是它的真子集,哪些是它的非空真子集.

3. 用适当的符号填空:

(1) $a$ ____ $\{a\}$;           (2) $d$ ____ $\{a,b,c\}$;

(3) $0$ ____ $\{x \mid x^2 - x = 0\}$;    (4) $\varnothing$ ____ $\{x \mid x^2 + 1 = 0, x \in \mathbf{R}\}$;

(5) $\{2,1\}$ ____ $\{x \mid x^2 - 3x + 2 = 0, x \in \mathbf{R}\}$.

4. 判断下列两个集合之间的关系:

(1) $A = \{1,3,9\}$, $B = \{x \mid x$ 是 27 的约数$\}$;

(2) $A = \{x \mid x$ 是平行四边形$\}$, $B = \{x \mid x$ 是正方形$\}$;

(3) $A = \{x \mid x = 3k, k \in \mathbf{N}\}$, $B = \{x \mid x = 6k, k \in \mathbf{N}\}$.

5. 已知 $A = \{1, 3, x\}$, $B = \{1, x^2\}$, 且 $B \subset A$, 求实数 $x$ 的值.

6. 满足 $\{1\} \subset M \subseteq \{1,2,3,4\}$ 的集合 $M$ 的个数是( ).

     A. 3            B. 4            C. 7            D. 8

7. 若 $A = \{x \mid 1 < x < 2\}$, $B = \{x \mid x < a\}$, 且 $A \subset B$, 求 $a$ 的取值范围.

8. 已知 $A = \{x \mid kx = 1\}$, $B = \{x \mid x^2 - 1 = 0\}$, 若 $A \subset B$, 求实数 $k$.

# 1.2 集合的基本运算

## 1.2.1 交集、并集

我们知道,给出两个实数,通过不同的运算可得到新的实数.类比实数的运算,对于给定的集合,是否通过一些运算,能得到新的集合呢?

观察下列各个集合,说出集合 $C$ 与集合 $A$、$B$ 之间的关系.

(1) $A=\{x|x$ 是学前教育专业 2002 级至 2004 级学生$\}$,

　　$B=\{x|x$ 是学前教育专业 2003 级至 2005 级学生$\}$,

　　$C=\{x|x$ 是学前教育专业 2003 级至 2004 级学生$\}$;

(2) $A=\{1,2,3,5\}$, $B=\{3,5,6,7\}$, $C=\{3,5\}$.

### 1. 交集

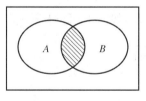

图 1-2-1

在问题(1)、(2)中,集合 $A,B$ 与 $C$ 之间都有这样的一种关系.集合 $C$ 中每一个元素,既在集合 $A$ 中又在集合 $B$ 中.

一般地,由所有属于集合 $A$ 且属于集合 $B$ 的元素组成的集合,称为 $A$ 与 $B$ 的**交集**,记作 $A \cap B$(读作"$A$ 交 $B$").即

$$A \cap B = \{x \mid x \in A \text{ 且 } x \in B\}.$$

$A \cap B$ 可用图 1-2-1 中的阴影部分来表示.

这样,问题(1)、(2)中都有 $A \cap B = C$.

 某高等幼师在大一年级开设了甲、乙两门学科的选修课,设

$A=\{x|x$ 为选修甲学科的学生$\}$,

$B=\{x|x$ 为选修乙学科的学生$\}$,求 $A \cap B$.

**解**: $A \cap B$ 就是那些既选修甲学科又选修乙学科的学生组成的集合.

所以,$A \cap B = \{x|x$ 为既选修甲学科又选修乙学科的学生$\}$.

**例 2** 设 $A=\{x|-4<x<-1\}$, $B=\{x|-3<x<2\}$,求 $A \cap B$.

**解**: $A \cap B = \{x|-4<x<-1\} \cap \{x|-3<x<2\}$
　　　　　$= \{x|-3<x<-1\}$.

我们还可以在数轴上表示例 2 中的交集部分，如图 1－2－2 所示.

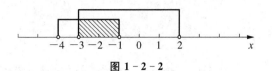

图 1－2－2

思考

下列等式成立吗？

(1) $A \cap A = A$；　　　　(2) $A \cap \varnothing = A$.

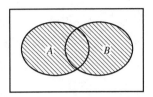

## 2. 并集

一般地，由所有属于集合 $A$ 或属于集合 $B$ 的元素组成的集合，称为 $A$ 与 $B$ 的**并集**，记作 $A \cup B$（读作“$A$ 并 $B$”）. 即

$$A \cup B = \{x \mid x \in A，或\ x \in B\}.$$

图 1－2－3

$A \cup B$ 可用图 1－2－3 中的阴影部分来表示.

**例 3**　设 $A=\{-1,0,2,3\}$，$B=\{1,2,3,4\}$，求 $A \cup B$.

**解**：$A \cup B=\{-1,0,2,3\} \cup \{1,2,3,4\}=\{-1,0,1,2,3,4\}$.

**注意**　在求两个集合的并集中，它们的公共元素只能出现一次.

**例 4**　设集合 $A=\{x \mid -2<x<3\}$，$B=\{x \mid 1<x<4\}$，求 $A \cup B$.

**解**：$A \cup B=\{x \mid -2<x<3\} \cup \{x \mid 1<x<4\}=\{x \mid -2<x<4\}$.

我们还可以在数轴上表示例 4 中的并集 $A \cup B$，如图 1－2－4 所示.

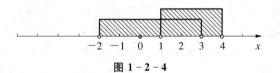

图 1－2－4

思考　下列关系成立吗？

(1) $A \cup A = A$；　　　　(2) $A \cup \varnothing = A$.

**例 5**　若 $A=\{x \mid x^2-px-q=0\}$，$B=\{x \mid x^2+qx-p=0\}$，且 $A \cap B=\{1\}$，求 $A \cup B$.

**解**：$\because A \cap B=\{1\}$，

$$\therefore \begin{cases}1-p-q=0,\\ 1+q-p=0,\end{cases} \quad 即 \begin{cases}p=1,\\ q=0,\end{cases}$$

$$\therefore A=\{x \mid x^2-x=0\}=\{0,1\},$$

$$B=\{x \mid x^2-1=0\}=\{-1,1\}.$$

$\therefore A \cup B=\{-1,0,1\}$.

一、选择题

1. 若 $N=\{e,d,b\}$，$M=\{a,b,c,d\}$，则 $M\cup N$ 等于（　　）.
   A. $\varnothing$　　　　　　　　　B. $\{d\}$
   C. $\{a,c\}$　　　　　　　　D. $\{a,b,c,d,e\}$

2. 设 $A=\{直角三角形\}$，$B=\{等腰三角形\}$，$C=\{等边三角形\}$，$D=\{等腰直角三角形\}$，则下列结论中不正确的是（　　）.
   A. $A\cap B=D$　　　　　B. $A\cap D=D$
   C. $B\cap C=C$　　　　　D. $A\cup B=D$

3. 已知集合 $A=\{x\mid x\leqslant 5,x\in\mathbf{N}\}$，$B=\{x\mid x>1,x\in\mathbf{N}\}$，那么 $A\cap B$ 等于（　　）.
   A. $\{1,2,3,4,5\}$　　　　B. $\{2,3,4,5\}$
   C. $\{2,3,4\}$　　　　　　D. $\{x\mid 1<x\leqslant 5,x\in\mathbf{R}\}$

二、解答题

1. 设 $A=\{3,5,6,8\}$，$B=\{4,5,7,8\}$，求 $A\cap B$，$A\cup B$.
2. $A=\{x\mid x$ 是某幼师具有书法等级考核合格证书的学生$\}$，$B=\{x\mid x$ 是某幼师具有钢琴等级考核合格证书的学生$\}$，求 $A\cap B$，$A\cup B$.
3. $A=\{x\mid x^2-4x-5=0\}$，$B=\{x\mid x^2=1\}$，求 $A\cap B$，$A\cup B$.
4. $A=\{x\mid x>3\}$，$B=\{x\mid 0<x<6\}$，求 $A\cap B$，$A\cup B$.
5. 已知 $A=\{(x,y)\mid y=1-x\}$，$B=\{(x,y)\mid y=2x-2\}$，求 $A\cap B$.

结合本节课所学的包含思想，按以下要求设计一个幼儿园活动：(1)有两堆积木，一堆是红色的，一堆是正方形的，首先让幼儿将两堆中既是红色又是正方形的积木取出；(2)有两堆水果，种类各异，让幼儿回答两堆中一共有几种水果，并每种取出一个.

通过活动让孩子们初步了解交集和并集的思想.

## 1.2.2　补集

某幼师一年级(1)班要在会议室里召开团支部大会，召集人说："请非团员留在教室里自习，其余的人到会议室开会."设

$U=\{x\mid x$ 为某幼师一年级(1)班学生$\}$，

$A=\{x\mid x$ 是某幼师一年级(1)班的团员$\}$，

$B=\{x\mid x$ 是某幼师一年级(1)班的非团员$\}$.

观察集合 $U,A,B$，你能说出它们之间有什么新的关系吗？

容易看出，某幼师一年级(1)班非团员就是在某幼师一年级(1)班中除

去团员后所留下的同学,即集合 B 就是集合 U 中除去集合 A 之后余下来的集合,也就是说集合 U 含有我们研究的集合 A 和集合 B 的所有元素,并且集合 A 与集合 B 没有公共元素.

一般地,如果一个集合含有我们所研究问题中涉及的所有元素,那么就称这个集合为**全集**(universe set),通常记作 U.

设 $A \subseteq U$,由 U 中不属于 A 的所有元素组成的集合称为 U 的子集 A 的**补集**(complementary set),记为 $\complement_U A$(读作 A 在 U 中的补集).即

$$\complement_U A = \{x \mid x \in U \text{ 且 } x \notin A\}.$$

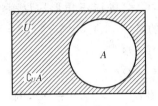

图 1-2-5

$\complement_U A$ 可用图 1-2-5 中的阴影部分来表示.

对于问题中的三个集合,显然有

$$B = \complement_U A.$$

在实数范围内讨论问题时,可以把实数集 **R** 看成全集 U,那么,有理数 **Q** 的补集 $\complement_U \mathbf{Q}$ 是全体无理数的集合.

**例 1** 设 $U = \{x \mid x \text{ 是小于 8 的自然数}\}$,$A = \{0, 1, 2\}$,$B = \{3, 4, 5\}$,求 $\complement_U A$,$\complement_U B$.

**解**:根据题意可知 $U = \{0, 1, 2, 3, 4, 5, 6, 7\}$,所以
$$\complement_U A = \{3, 4, 5, 6, 7\},$$
$$\complement_U B = \{0, 1, 2, 6, 7\}.$$

**例 2** 设 $U = \{x \mid x \text{ 是三角形}\}$,$A = \{x \mid x \text{ 是锐角三角形}\}$,$B = \{x \mid x \text{ 是钝角三角形}\}$,求 $A \cap B$,$\complement_U(A \cup B)$.

**解**:根据三角形的分类可知,
$$A \cap B = \varnothing,$$
$A \cup B = \{x \mid x \text{ 是锐角三角形或钝角三角形}\}$,
$\complement_U(A \cup B) = \{x \mid x \text{ 是直角三角形}\}$.

**例 3** 设 $U = \mathbf{R}$,不等式组 $\begin{cases} 3x - 1 > 0 \\ 2x - 6 \leqslant 0 \end{cases}$ 的解集为 A,试求 A 及 $\complement_U A$,并把它们分别表示在数轴上.

**解**:$A = \{x \mid 3x - 1 > 0 \text{ 且 } 2x - 6 \leqslant 0\}$,即 $A = \left\{x \mid \dfrac{1}{3} < x \leqslant 3\right\}$,

$\complement_U A = \left\{x \mid x \leqslant \dfrac{1}{3}, \text{ 或 } x > 3\right\}$,在数轴上分别表示如图 1-2-6 所示.

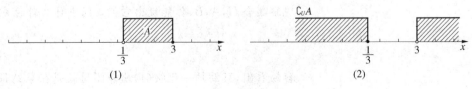

图 1-2-6

**例 4** 设全集 $U=\{1,3,5,7,9\}$，$A=\{1,3,|a-11|\}$，$A\subseteq U$，$\complement_U A=\{5,7\}$，求 $a$.

**解**：根据题意可知 $A=\{1,3,9\}$，

所以 $|a-11|=9$，有 $a=20$ 或 $a=2$.

**练 习**

1. 设 $U=\{x|x$ 是小于 9 的正整数$\}$，$A=\{1,2,3\}$，$B=\{3,4,5,6\}$，则 $\complement_U A=$ _____，$\complement_U B=$ _____.

2. 若 $U=\mathbf{Z}$，$A=\{x|x=2k,k\in\mathbf{Z}\}$，$B=\{x|x=2k+1,k\in\mathbf{Z}\}$，则 $\complement_U A=$ _____，$\complement_U B=$ _____.

3. 设 $U=\{x|x$ 是三角形$\}$，$A=\{x|x$ 是直角三角形$\}$，则 $\complement_U A=$ _____.

4. 设 $U=\{x|x$ 是平行四边形或梯形$\}$，$A=\{x|x$ 是平行四边形$\}$，$B=\{x|x$ 是菱形$\}$，$C=\{x|x$ 是矩形$\}$，求 $B\cap C$，$\complement_U A$.

5. 已知 $A=\{1,3,5,7,9\}$，$\complement_U A=\{2,4,6,8\}$，$\complement_U B=\{1,4,6,8,9\}$，求集合 $B$.

6. 已知 $U=\{1,2,x^2-2\}$，$A=\{1,x\}$，求 $\complement_U A$.

7. 已知全集 $U=\{1,2,3,4,5,6,7,8,9,10\}$，$A=\{1,2,3,4,5\}$，$B=\{4,5,6,7,8\}$，求：(1) $A\cup B$；(2) $A\cap B$；(3) $\complement_U A\cup \complement_U B$；(4) $\complement_U A\cap \complement_U B$.

8. 已知集合 $A=\{x|3\leqslant x<7\}$，$B=\{x|2<x<10\}$，求 $\complement_U(A\cup B)$，$\complement_U(A\cap B)$，$(\complement_U A)\cap B$，$A\cup(\complement_U B)$.

**知识与实践**

结合本节所学的包含思想，按以下要求开展一个小班幼儿园活动：准备一筐苹果，有红色和绿色两个品种，问孩子们："如何将这筐苹果变成只有红色的苹果呢？"通过这个活动培养孩子的逆向思维能力，另一方面，可以在活动最后的总结中告诉孩子们他们是如何做到的，其实就是将原来筐中所有的绿色苹果全部取出，剩下来的苹果组成的就是老师所需要的那个"集合"．通过此活动让幼儿初步了解补集的求解的过程．

1.2 集合的基本运算

# *1.3 集合中元素的个数

**问题**

在研究集合时,经常遇到有关集合中元素的个数问题,如:集合 $A=\{0,1,2,6,7\}$ 中的元素个数是5,集合 $B=\{x|x$ 是锐角三角形或钝角三角形$\}$ 中的元素个数是无限的.你能区分和表示这两种不同的集合吗?

❶ card是英文 cardinal(基数的缩写)

一般地,含有有限个元素的集合称为**有限集**(finite set),用 card(A)❶ 来表示有限集 $A$ 中元素的个数.如:集合 $A=\{0,1,2,6,7\}$,则 $A$ 是有限集,且 card(A)=5. 若一个集合不是有限集,就称此集合为**无限集**(infinite set).集合 $B=\{x|x$ 是锐角三角形或钝角三角形$\}$ 是无限集.

**例1** 学校小卖部进了两次货,第一次进的货是圆珠笔、钢笔、橡皮、笔记本、方便面、汽水共6种,第二次进的货是圆珠笔、铅笔、火腿肠、方便面共4种,则每次进了几种货?两次一共进了几种货?两次一共进了几种相同的货?

**分析**:对于例1显然不是简单地用加法回答两次一共进 $10=(6+4)$ 种货.若用集合 $A$ 表示第一次进货的品种,用集合 $B$ 表示第二次进货的品种,显然 $A\cup B$ 就是两次一共进的货的集合,$A\cap B$ 就是两次进的相同货的集合.

**解**:设 $A=\{$圆珠笔,钢笔,橡皮,笔记本,方便面,汽水$\}$,$B=\{$圆珠笔,铅笔,火腿肠,方便面$\}$,那么

card(A)=6,card(B)=4.

$A\cup B=\{$圆珠笔,钢笔,橡皮,笔记本,方便面,铅笔,汽水,火腿肠$\}$,

$A\cap B=\{$圆珠笔,方便面$\}$,

card($A\cup B$)=8,card($A\cap B$)=2.

**答**:第一次进了6种货,第二次进了4种货,两次一共进了8种货,两次一共进了2种相同的货.

一般地,对任意两个有限集合 $A,B$,有

$$card(A\cup B)=card(A)+card(B)-card(A\cap B).$$

**例2** 学校先举办了一次田径运动会,某班有8名同学参赛,又举办了一次球类运动会,这个班有12名同学参赛,两次运动会都参赛的有3人,两次运动会

中,这个班共有多少同学参赛?

**分析**：设 $A$ 为田径运动会参赛的学生的集合，$B$ 为球类运动会参赛的学生的集合，那么 $A\cap B$ 就是两次运动会都参赛的学生的集合.

**解**：$A=\{$田径运动会参赛的学生$\}$，

$B=\{$球类运动会参赛的学生$\}$，

那么

$A\cap B=\{$两次运动会都参赛的学生$\}$，

$A\cup B=\{$所有参赛的学生$\}$，

$\text{card}(A\cup B)=\text{card}(A)+\text{card}(B)-\text{card}(A\cap B)=8+12-3=17.$

**答**：两次运动会中这个班共有 17 名同学参赛.

我们也可以用文氏图来求解，见图 1-3-1.

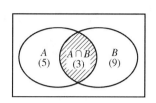

图 1-3-1

在图 1-3-1 中相应于 $A\cap B$ 的区域里先填上 $3(\text{card}(A\cap B)=3)$，再在 $A$ 中不包括 $A\cap B$ 的区域里填上 $5(\text{card}(A)-\text{card}(A\cap B)=5)$，在 $B$ 中不包括 $A\cap B$ 的区域里填上 $9(\text{card}(B)-\text{card}(A\cap B)=9)$，最后把这 3 部分数相加得 17，这就是 $\text{card}(A\cup B)$.

> 图中括号内的 3，5，9 表示元素的个数，而不是元素.

1. 找出以下集合中为有限集的集合，并表示其元素的个数：

   (1) $A=\{x\mid x$ 是大于 1 小于 10 的自然数$\}$；

   (2) $A=\{x\mid x$ 是大于 1 小于 10 的实数$\}$；

   (3) $A=\{x\mid x$ 是底角为 30 度的等腰三角形$\}$；

   (4) $A=\{x\mid x$ 是周长等于 6 的平行四边形$\}$；

   (5) $A=\left\{x\mid x=\dfrac{n}{n+1},n\in\mathbf{N}\right\}$；

   (6) $A=\{x\mid x$ 是倒数等于其本身的实数$\}$；

   (7) $A=\{x\mid x+1=0\}$.

2. 设 $A$，$B$ 均为有限集，$A$ 中元素的个数为 $m$，$B$ 中元素的个数为 $n$，$A\cup B$ 中元素的个数为 $s$，下列各式能成立吗？

   (1) $m+n>s$；(2) $m+n\leqslant s$；(3) $m+n<s$.

3. 在某幼师的一次艺术节上，一年级(1)班有 10 人参加绘画比赛，有 13 人参加跳舞比赛，同时参加绘画比赛和跳舞比赛的有 3 人，艺术节中，该班有多少同学参加了比赛？

*1.3 集合中元素的个数

## 1.4 习题课

**练习引导**

1. 以类比的思想,理解元素与集合之间的关系;理解两个集合之间的关系;掌握两个集合之间运算的含义.

2. 以数形结合的思想,理解集合问题中的一些逻辑关系.

一、基础训练

**分析**:根据集合元素的确定性、互异性、无序性来确定命题的真假;用准确的符号来表示元素与集合、集合与集合的关系.

1. 下列各组对象中可以构成集合的是(　　).
   A. 数学中的难题　　　　　B. 比较接近0的数
   C. 大于5的奇数　　　　　D. 著名的音乐家

2. 以下七个关系:
   (1) $\sqrt{5} \notin \mathbf{R}$;　　　　　(2) $0.8 \in \mathbf{Q}$;
   (3) $0 \notin \varnothing$;　　　　　(4) $5 \in \{(5, 5)\}$;
   (5) $\{6\} \in \{偶数\}$;　　　　(6) $\{1, 2, 3\} = \{3, 1, 2\}$;
   (7) $\{1, 2\} = \{(1, 2)\}$.
   其中正确的个数是(　　).
   A. 1　　　　　　　　　　B. 2
   C. 4　　　　　　　　　　D. 3

3. 给出以下命题:
   (1) 空集没有子集;(2) 空集是任何集合的真子集;(3) 任何集合必须有两个或两个以上的子集;(4) $x^2 + 4 = 4x$ 的解集可表示为 $\{2, 2\}$.其中正确命题的个数是(　　).
   A. 1　　　　　　　　　　B. 3
   C. 0　　　　　　　　　　D. 2

4. 设 $A, B$ 是全集 $U$ 的两个真子集,且 $A \subseteq B$,则以下成立的是(　　).
   A. $\complement_U A \supseteq \complement_U B$　　　　B. $\complement_U A \cup \complement_U B = U$
   C. $\complement_U A \cap \complement_U B = \varnothing$　　　D. $\complement_U A \cap B = \varnothing$

二、典型例题

1. 已知全集 $U = \{x \mid -6 \leqslant x \leqslant 4\}$, $A = \{x \mid -6 \leqslant x \leqslant -2\}$, $B = \{x \mid -2 < x < 2\}$,求 $A \cap B$, $\complement_U A \cap \complement_U B$, $\complement_U A \cup \complement_U B$.

**分析**:将集合 $U, A, B$ 表示在数轴上(如图1-4-1),借助于直观图来思考解决问题.

解:

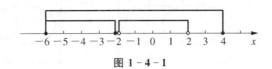

图 1-4-1

由图 1-4-1 可知:

$A \cap B = \varnothing$;

$\complement_U A = \{x \mid -2 < x \leqslant 4\}$, $\complement_U B = \{x \mid -6 \leqslant x \leqslant -2 \text{ 或 } 2 \leqslant x \leqslant 4\}$;

$\complement_U A \cap \complement_U B = \{x \mid 2 \leqslant x \leqslant 4\}$;

$\complement_U A \cup \complement_U B = \{x \mid -6 \leqslant x \leqslant 4\} = U$.

2. 设 $A = \{3, 5\}$, $B = \{a+5, b-3\}$, 且 $A = B$, 求 $a, b$ 的值.

**分析**: 根据集合相等的意义, 考虑可能出现的两种情况.

**解**: 因为 $A = B$, 则

(1) 由 $\begin{cases} a+5=3 \\ b-3=5 \end{cases}$ 得 $\begin{cases} a=-2, \\ b=8; \end{cases}$

(2) 由 $\begin{cases} a+5=5 \\ b-3=3 \end{cases}$ 得 $\begin{cases} a=0, \\ b=6, \end{cases}$

所以 $a=-2, b=8$ 或 $a=0, b=6$.

3. 设集合 $A = \{x \mid x^2 - 2x - 3 = 0\}$, $B = \{x \mid ax - 1 = 0\}$, 当若 $B \subset A$, 确定实数 $a$.

**分析**: 由 $B \subset A$, 确定集合 $B$ 可能出现的 3 种情况.

**解**: $A = \{x \mid x^2 - 2x - 3 = 0\} = \{-1, 3\}$.

因为, $B \subset A$,

所以 $B = \varnothing$ 或 $B = \{-1\}$ 或 $B = \{3\}$.

当 $B = \varnothing$ 时, $a = 0$;

当 $B = \{-1\}$ 时, $a = -1$;

当 $B = \{3\}$ 时, $a = \dfrac{1}{3}$.

即实数 $a$ 为 $0$ 或 $-1$ 或 $\dfrac{1}{3}$.

### 三、巩固提高

1. 以下命题正确的有几个(　　):
   (1) 某校 2005 年参加全国公共英语三级考核的同学组成了一个集合;
   (2) 某幼师比较聪明的女生组成了一个集合;
   (3) 因为集合 $\{1, 2\}$ 中的元素是 $1, 2$, 所以 $1, 2$ 也可构成集合 $\{1, 2, 1, 2\}$;
   (4) 任何一个集合都有真子集;
   (5) $A \subseteq B$, 若 $a \notin B$, 则 $a \notin A$.
   A. 0　　　　B. 1　　　　C. 2　　　　D. 3

2. 在图 1-4-2 中用阴影表示:

(1) $A \cap \complement_U B$;(2) $(\complement_U A \cap B) \cup [(\complement_U B) \cap A]$;(3) $\complement_U(A \cap B)$.

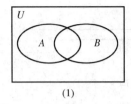 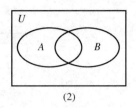 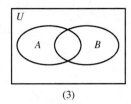

(1)　　　　　　　(2)　　　　　　　(3)

图 1-4-2

3. 若 $A \subseteq B$，$A \subseteq C$，$B = \{1, 3, 5, 6, 7\}$，$C = \{1, 2, 3, 4, 8\}$，求满足条件的集合.

4. 设集合 $U = \{x \mid |x| \leqslant 10\}$，$A = \{x \mid -10 \leqslant x \leqslant -1\}$，$B = \{x \mid |x| \leqslant 5\}$，求 $A \cup B$，$A \cap \complement_U B$，$\complement_U A \cup \complement_U B$.

5. 已知集合 $M = \{1, 4\}$，$N = \{a^2, ab\}$，若 $M = N$，求实数 $a$ 的值.

6. 已知 $A = \{-2, 3x+1, x^2\}$，$B = \{x-4, 1-x, 16\}$，且 $A \cap B = \{16\}$，求 $x$ 的值.

# 小 结

**一、知识结构**

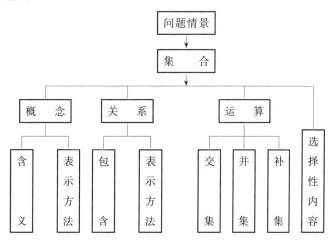

**二、回顾与思考**

1. 集合语言是现代数学的基本语言,你能结合实例选择用文字语言、图形语言、集合语言(列举法、描述法)来描述不同的具体问题吗?

2. 集合中的元素必须是确定的、互异的、无序的.你能结合例子来说明集合的这些基本特征吗?你能根据学习和生活的情景来构建满足这些基本要求的集合吗?

3. 类比两个实数的关系和运算,你能准确地使用相关术语和符号来表示元素与集合之间的关系(属于、不属于)吗?来表示两个集合之间的关系(包含、相等)吗?来进行两个集合间的运算(交、并、补)吗?

**三、复习题**

1. 判断下列对象能否构成一个集合,如果能,请用适当的方法表示该集合;如不能,请说明理由:
   (1) 小于6的自然数;
   (2) 著名的数学家;
   (3) 所有的正三角形;
   (4) 某幼师三年级中身材高的同学;
   (5) 某幼师三年级中体重不低于45 kg 的同学;
   (6) 方程 $x^2+1=0$ 的根.

2. 设 $A=\{0,1,2\}$, $B=\{1,2,3,4,5\}$,求 $A \cup B$, $A \cap B$.

3. 已知 $A=\{x \mid x<3\}$, $B=\{x \mid x>1\}$,求 $A \cup B$, $A \cap B$.

4. 已知 $A=\{x\mid x$ 是正方形$\}$, $B=\{x\mid x$ 是菱形$\}$, $C=\{x\mid x$ 是矩形$\}$, 求:

  (1) $A\cap B$;     (2) $A\cup B$;

  (3) $B\cap C$;     (4) $A\cup C$.

5. 已知 $U=\{x\mid x$ 是三角形$\}$, $A=\{x\mid x$ 是等边三角形$\}$, 求 $\complement_U A$.

6. 已知集合 $U=\mathbf{R}$, $A=\{x\mid x\leqslant 6\}$, 求:

  (1) $A\cap\varnothing$, $A\cup\varnothing$;  (2) $A\cap\mathbf{R}$, $A\cup\mathbf{R}$;

  (3) $\complement_U A$;    (4) $A\cup\complement_U A$, $A\cap\complement_U A$.

7. 设集合 $U=\{x\mid\mid x\mid<12\}$, $A=\{x\mid-10\leqslant x\leqslant-1\}$, $B=\{x\mid\mid x\mid\leqslant 4\}$, 求 $A\cup B$, $A\cap B$, $A\cap\complement_U B$, $\complement_U A\cup\complement_U B$.

8. 若 $A=\{-3,1-2a\}$, $B=\{a-5,1-a,9\}$, 且 $A\cap B=\{9\}$, 求 $a$ 的值.

9. 已知集合 $A=\{x\mid ax^2+2x+1=0, a\in\mathbf{R}\}$ 中只有一个元素, 求 $a$ 的值.

10. 若方程 $x^2-px+15=0$ 与方程 $x^2+5x+q=0$ 的解集分别是 $M$ 和 $N$, 且 $M\cap N=\{3\}$, 求 $p$ 和 $q$ 的值.

# 第二章 基本初等函数 Ⅰ

2.1 函数与映射
2.2 习题课 1
2.3 函数的基本性质
*2.4 反函数
2.5 习题课 2
2.6 指数与指数幂运算
2.7 指数函数及其性质
2.8 习题课 3
2.9 对数与对数运算
*2.10 换底公式
2.11 对数函数及其性质
2.12 习题课 4
小结

现实世界中许多运动与变化的现象都表现出变量之间的依赖关系.数学上,我们用函数模型来描述这种依赖关系,并通过研究函数的性质来认识运动与变化的规律.

在本章,我们将运用集合与对应的语言进一步描述函数的概念,感受建立函数模型的过程和方法.并将在初中学习的函数及其图像等内容的基础上,进一步研究函数的性质,以及函数在日常生活中的简单应用.

# 2.1 函数与映射

在初中我们已经学习过函数的概念,现在我们将进一步学习函数及其构成要素,下面先看几个实例.

(1) 一枚炮弹发射后,经过 26 s 落到地面击中目标.炮弹的射高(射高是指斜抛运动中物体飞行轨迹最高点的高度)为 845 m,且炮弹距地面的高度 $h$(单位:m)随时间 $t$(单位:s)变化的规律是

$$h = 130t - 5t^2. \qquad ①$$

这里,炮弹飞行时间 $t$ 的变化范围是数集 $A = \{t \mid 0 \leqslant t \leqslant 26\}$,炮弹距地面的高度 $h$ 的变化范围是数集 $B = \{h \mid 0 \leqslant h \leqslant 845\}$. 从问题的实际意义可知,对于数集 $A$ 中的任意一个时间 $t$,按照对应关系①,在数集 $B$ 中都有惟一确定的高度 $h$ 和它对应.

(2) 图 2-1-1 为某市一天 24 h 的气温变化图.

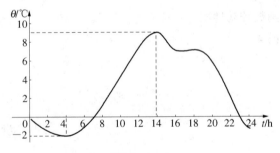

图 2-1-1

根据图 2-1-1 中的曲线可知,时间 $t$ 的变化范围是数集 $A = \{t \mid 0 \leqslant t \leqslant 24\}$,气温的变化范围是数集 $B = \{\theta \mid -2 \leqslant \theta \leqslant 9\}$,并且,对于数集 $A$ 中的每一个时刻 $t$,按照图中曲线,在数集 $B$ 中都有惟一确定的温度 $\theta$ 和它对应.

(3) 估计人口数量变化趋势是我们制定一系列相关政策的依据.从人口统计年鉴中可以查得我国从 1949 年至 2009 年的人口数据资料,如表 2-1-1 所示.

表 2-1-1

| 年 份 | 1949 | 1955 | 1960 | 1965 | 1973 | 1979 | 1985 | 1991 | 1997 | 2003 | 2009 |
|---|---|---|---|---|---|---|---|---|---|---|---|
| 人口数/百万 | 542 | 614 | 662 | 725 | 892 | 975 | 1 058 | 1 158 | 1 236 | 1 292 | 1 334 |

请你仿照(1)、(2)描述表2-1-1中人口数量和时间的关系.
以上3个实例,它们有什么共同特点?

## 2.1.1 函数的概念

上述例子的共同特点是:变量之间的关系都可以描述为:对于数集 $A$ 中的每一个 $x$,按照某种对应关系 $f$,在数集 $B$ 中都有惟一确定的 $y$ 和 $x$ 对应.

一般地,我们有:

设 $A$,$B$ 是两个非空的数集,如果按照某种确定的对应关系 $f$,使对于集合 $A$ 中的任意一个数 $x$,在集合 $B$ 中都有惟一确定的数 $y$ 和 $x$ 对应,那么就称 $f$ 为从集合 $A$ 到集合 $B$ 的一个**函数**,记作

$$y=f(x), x\in A, 或 f: A\rightarrow B,$$

其中,集合 $A$ 叫做函数的**定义域**;与 $x$ 的值相对应的 $y$ 的值叫做**函数值**,函数值的集合 $\{f(x)\mid x\in A\}$ 叫做函数的**值域**.

我们所熟悉的一次函数 $y=3x+2$ 的定义域是 $\mathbf{R}$,值域也是 $\mathbf{R}$. 对于 $\mathbf{R}$ 中的任意一个数 $x$,在 $\mathbf{R}$ 中都有惟一的一个数 $y=3x+2$ 和 $x$ 对应.

二次函数 $y=x^2+2x+3$ 的定义域是 $\mathbf{R}$,值域是 $\{y\mid y\geqslant 2\}$. 对于 $\mathbf{R}$ 中的任意一个数 $x$,在值域中都有惟一的一个数 $y=x^2+2x+3$ 和 $x$ 对应.

反比例函数 $y=\dfrac{1}{x}$ 的定义域、对应关系和值域各是什么?

研究函数时常用到区间的概念.

设 $a$,$b$ 是两个实数,而且 $a<b$,我们规定:

(1) 满足不等式 $a\leqslant x\leqslant b$ 的实数 $x$ 的集合叫做**闭区间**,记为 $[a,b]$;

(2) 满足不等式 $a<x<b$ 的实数 $x$ 的集合叫做**开区间**,记为 $(a,b)$;

(3) 满足不等式 $a\leqslant x<b$ 或 $a<x\leqslant b$ 的实数 $x$ 的集合叫做**半开半闭区间**,分别记为 $[a,b)$,$(a,b]$.

这里的实数 $a$ 与 $b$ 都叫做相应区间的端点,如表2-1-2所示.

表2-1-2

| 集 合 | 名 称 | 记 号 | 数轴表示 |
|---|---|---|---|
| $\{x\mid a\leqslant x\leqslant b\}$ | 闭区间 | $[a,b]$ | |
| $\{x\mid a<x<b\}$ | 开区间 | $(a,b)$ | |
| $\{x\mid a\leqslant x<b\}$ | 半开半闭区间 | $[a,b)$ | |
| $\{x\mid a<x\leqslant b\}$ | 半开半闭区间 | $(a,b]$ | |

在数轴上表示区间,用实心点表示包括在区间内的端点,用空心点表示不包括在区间内的端点(见表 2-1-2).

实数集 **R** 也可以用区间表示为 $(-\infty, +\infty)$,"$\infty$"读作"无穷大","$-\infty$"读作"负无穷大","$+\infty$"读作"正无穷大". 我们还可以把满足 $x \geqslant a$,$x > a$,$x \leqslant b$,$x < b$ 的实数 $x$ 的集合分别表示为 $[a, +\infty)$,$(a, +\infty)$,$(-\infty, b]$,$(-\infty, b)$.

**例 1** 求下列函数的定义域:

(1) $f(x) = \dfrac{1}{x-2}$;

(2) $f(x) = \sqrt{3x+2}$;

(3) $f(x) = \sqrt{x+1} + \dfrac{1}{2-x}$.

**分析**:函数的定义域通常由问题的实际背景确定. 如果只给出解析式 $y = f(x)$,而没有指明它的定义域,那么函数的定义域就是指能使这个式子有意义的实数 $x$ 的集合.

**解**:(1) 因为 $x - 2 = 0$,即 $x = 2$ 时,分式 $\dfrac{1}{x-2}$ 没有意义,而 $x \neq 2$ 时,分式 $\dfrac{1}{x-2}$ 有意义. 所以,这个函数的定义域是

$$\{x \mid x \neq 2\}.$$

(2) 因为 $3x + 2 < 0$,即 $x < -\dfrac{2}{3}$ 时,根式 $\sqrt{3x+2}$ 没有意义,而 $3x + 2 \geqslant 0$ 时,即 $x \geqslant -\dfrac{2}{3}$ 时,根式 $\sqrt{3x+2}$ 才有意义. 所以,这个函数的定义域是

$$\left[-\dfrac{2}{3}, +\infty\right).$$

(3) 使根式 $\sqrt{x+1}$ 有意义的实数 $x$ 的集合是 $\{x \mid x \geqslant -1\}$,使分式 $\dfrac{1}{2-x}$ 有意义的实数 $x$ 的集合是 $\{x \mid x \neq 2\}$. 所以,这个函数的定义域是

$$\{x \mid x \geqslant -1\} \cap \{x \mid x \neq 2\} = [-1, 2) \cup (2, +\infty).$$

**例 2** 已知函数 $f(x) = 3x^2 - 5x + 2$,求 $f(3)$,$f(-\sqrt{2})$,$f(a)$,$f(a+1)$.

**分析**:自变量 $x$ 在定义域中任取一个确定的值 $a$ 时,对应的函数值用符号 $f(a)$ 来表示.

**解**:$f(3) = 3 \times 3^2 - 5 \times 3 + 2 = 14$;

$f(-\sqrt{2}) = 3 \times (-\sqrt{2})^2 - 5 \times (-\sqrt{2}) + 2$

$\qquad\quad = 6 + 5\sqrt{2} + 2$

$\qquad\quad = 8 + 5\sqrt{2}$;

$$f(a) = 3a^2 - 5a + 2;$$
$$f(a+1) = 3(a+1)^2 - 5(a+1) + 2$$
$$= 3a^2 + 6a + 3 - 5a - 5 + 2$$
$$= 3a^2 + a.$$

**例 3** 下列函数中哪个与函数 $y = x$ 是同一个函数？

(1) $y = (\sqrt{x})^2$；(2) $y = \sqrt[3]{x^3}$；(3) $y = \sqrt{x^2}$.

**解**：(1) $y = (\sqrt{x})^2 = x\,(x \geqslant 0)$，这个函数与函数 $y = x\,(x \in \mathbf{R})$ 虽然对应关系相同，但是定义域不相同，所以这两个函数不是同一个函数.

(2) $y = \sqrt[3]{x^3} = x\,(x \in \mathbf{R})$，这个函数与函数 $y = x\,(x \in \mathbf{R})$ 不仅对应关系相同，而且定义域也相同. 所以这两个函数是同一个函数.

(3) $y = \sqrt{x^2} = |x| = \begin{cases} x, & x \geqslant 0, \\ -x, & x < 0. \end{cases}$

这个函数与函数 $y = x\,(x \in \mathbf{R})$ 的定义域都是实数集 $\mathbf{R}$，但是当 $x < 0$ 时它的对应关系与函数 $y = x\,(x \in \mathbf{R})$ 不相同. 所以这两个函数不是同一个函数.

**练习**

1. 某班级学号为 1~6 的学生参加数学测试的成绩如表 2-1-3 所示，试将学号与成绩的对应关系用"箭头图"表示在图 2-1-2 中.

表 2-1-3

| 学 号 | 1 | 2 | 3 | 4 | 5 | 6 |
|---|---|---|---|---|---|---|
| 成 绩 | 80 | 75 | 79 | 80 | 98 | 80 |

图 2-1-2

2. 判断下列对应是否为集合 $A$ 到集合 $B$ 的函数：

(1) $A$ 为正实数集，$B = \mathbf{R}$，对于任意的 $x \in A$，$x \to x$ 的算术平方根；

(2) $A = \{1, 2, 3, 4, 5\}$，$B = \{0, 2, 4, 6, 8\}$，对于任意的 $x \in A$，$x \to 2x$.

3. 求下列函数的定义域：

(1) $f(x) = \dfrac{1}{4x + 7}$；(2) $f(x) = \sqrt{1-x} + \sqrt{x+3} - 1$.

4. 判断下列各题中的函数是否为同一函数，并说明理由：

(1) 表示导弹飞行高度 h 与时间 t 关系的函数 $h = 500t - 5t^2$ 和二次函数 $y = 500x - 5x^2$；

(2) $f(x) = 1$ 和 $g(x) = x^0$.

5. 已知函数 $f(x) = x - x^2$，求 $f(0), f(1), f\left(\dfrac{1}{2}\right), f(n+1) - f(n)$.

6. 求下列函数的值域：

(1) $f(x) = x^2 + x,\ x \in \{1, 2, 3\}$；

(2) $f(x) = (x-1)^2 - 1$；

(3) $f(x) = x + 1,\ x \in (1, 2]$.

2.1 函数与映射

## 2.1.2 函数的表示法

函数常用的表示方法有 3 种:解析法、图像法和列表法.

**解析法**,就是用数学表达式表示两个变量之间的对应关系,如本节开头问题中的实例(1).

**图像法**,就是用图像表示两个变量之间的对应关系,如本节开头问题中的实例(2).

**列表法**,就是列出表格来表示两个变量之间的对应关系,如本节开头问题中的实例(3).

 某种笔记本的单价是 5 元,买 $x$($x \in \{1,2,3,4,5\}$)个笔记本的钱数记为 $y$(元).试用函数的三种表示法表示函数 $y = f(x)$.

解:这个函数的定义域是集合 $\{1,2,3,4,5\}$.

用解析法可将函数 $y = f(x)$ 表示为

$$y = 5x, (x \in \{1,2,3,4,5\}).$$

用列表法可表示函数 $y = f(x)$,见表 2-1-4.

表 2-1-4

| 笔记本数 x | 1 | 2 | 3 | 4 | 5 |
|---|---|---|---|---|---|
| 钱 数 y | 5 | 10 | 15 | 20 | 25 |

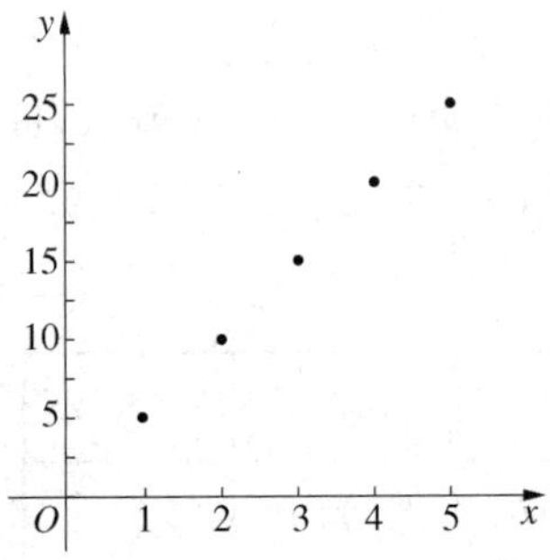

用图像法也可表示函数 $y = f(x)$,见图 2-1-3.

图 2-1-3

对于一个具体的问题,我们应当学会选择恰当的方法表示问题中的函数关系.

 画出函数 $y = |x|$ 的图像.

解:由绝对值的概念,我们有

$$y = \begin{cases} x, & x \geqslant 0, \\ -x, & x < 0. \end{cases}$$

所以,函数 $y = |x|$ 的图像如图 2-1-4 所示.

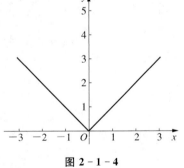

图 2-1-4

 某市空调公共汽车的票价按下列规则制定:

(1) 5 km 以内,票价 2 元;

(2) 5 km 以上,每增加 5 km,票价增加 1 元(不足 5 km 按 5 km 计算).

已知两个相邻的公共汽车站间相距均为 1 km,如果沿途(包括起点站和终点站)有 21 个站,请根据题意,写出票价与里程之间的函数解析式,并画出函数图像.

**解**：设票价为 y,里程为 x,则根据题意：

如果某空调汽车运行路线中设 21 个汽车站,那么汽车行驶的里程为 $20\,km$,所以自变量 x 的取值范围是 $(0,20]$.

由空调汽车票价制定规定,可得到以下函数解析式：

$$y = \begin{cases} 2, & 0 < x < 5, \\ 3, & 5 \leqslant x < 10, \\ 4, & 10 \leqslant x < 15, \\ 5, & 15 \leqslant x \leqslant 20. \end{cases}$$

根据这个函数解析式,可画出函数图像如图 2-1-5.

图 2-1-5

像例 5、例 6 这样的函数又称为分段函数.生活中,有很多可以用分段函数描述的实际问题.如出租车的计费、个人所得税纳税额等等.

1. 如图 2-1-6 所示,把截面半径为 $25\,cm$ 的圆形木头锯成矩形木料,如果矩形的一边长为 x,面积为 y,把 y 表示为 x 的函数.
2. 画出函数 $f(x) = |x+3|$ 的图像.
3. 图 2-1-7 中哪几个图像与下述 3 件事分别吻合得最好？请你为剩下的那个图像写出一件事.
   (1) 我离开家不久,发现自己把作业本忘在家里了,于是返回家里找到了作业本再上学;
   (2) 我骑着车一路匀速行驶,只是在途中遇到一次交通堵塞,耽搁了一些时间;
   (3) 我出发后,心情轻松,缓缓行进,后来为了赶时间开始加速.

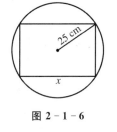

图 2-1-6

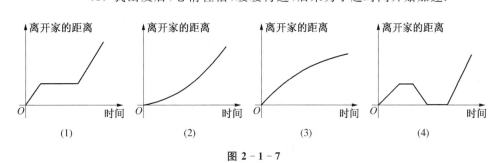

(1)　　　　(2)　　　　(3)　　　　(4)

图 2-1-7

## 2.1.3 映射

函数是"两个数集间的一种确定的对应关系",当我们将数集扩展到任意的集合时,就可以得到映射的概念.例如,亚洲的国家构成集合 A,亚洲各国的首都构成集合 B,对应关系 f:国家 a 对应于它的首都 b,这样,对于集合 A 中的任何一个国家,按照对应关系 f,在集合 B 中都有惟一确定的首都与之对应.

一般地,我们有：

设 A,B 是两个非空的集合,如果按某一个确定的对应关系 f,使对于集合 A 中的任意一个元素 x,在集合 B 中都有惟一确定的元素 y 与之对应,那么就称对应 f：A→B 为集合 A 到集合 B 的一个**映射**.

**例 7** 下列对应是不是从集合 A 到集合 B 的映射？

(1) 集合 A＝{p｜p 是数轴上的点},集合 B＝**R**,对应关系 $f$：数轴上的点与它所代表的实数对应；

(2) 集合 A＝{p｜p 是平面直角坐标系中的点},集合 B＝{(x, y)｜ $x\in\mathbf{R}, y\in\mathbf{R}$},对应关系 $f$：平面直角坐标系中的点与它的坐标对应；

(3) 集合 A＝{x｜x 是三角形},集合 B＝{x｜x 是圆},对应关系 $f$：每一个三角形都对应它的内切圆；

(4) 集合 A＝{x｜x 是苏州幼师的班级},集合 B＝{x｜x 是苏州幼师的学生},对应关系 $f$：每一个班级对应班里的一名学生.

**解**：(1) 按照建立数轴的方法可知,数轴上的任意一个点,都有惟一的实数与之对应,所以这个对应 $f$：A→B 是从集合 A 到 B 的映射.

(2) 按照建立平面直角坐标系的方法可知,平面直角坐标系中的任意一个点,都有惟一的一个实数与之对应,所以这个对应 $f$：A→B 是从集合 A 到 B 的映射.

(3) 由于每一个三角形只有一个内切圆与之对应,所以这个对应 $f$：A→B 是从集合 A 到 B 的映射.

(4) 苏州幼师的每一个班级里的学生都不止一个,即与一个班级对应的学生不止一个,所以这个对应 $f$：A→B 不是从集合 A 到 B 的映射.

1. 下列对应关系中,哪些是 A 到 B 的映射？

(1) $A=\{1, 4, 9\}, B=\{-3, -2, -1, 1, 2, 3\}, f：x \to x$ 的平方根；

(2) $A=\mathbf{R}, B=\mathbf{R}, f：x \to x$ 的倒数；

(3) $A=\mathbf{R}, B=\mathbf{R}, f：x \to x^2-2$；

(4) A 是平面内周长为 5 的所有三角形组成的集合,B 是平面内所有的点的集合,$f$：三角形→三角形的外心.

2. 若 $B=\{-1, 3, 5\}$,试找出一个集合 A,使得 $f：x \to 2x-1$ 是 A 到 B 的映射.

3. 根据对应法则,写出图 2-1-8 中给定元素的对应元素,并用语言叙述下述两个映射 $f$ 与 $g$ 的关系：

(1) $f：x \to 2x+1$；(2) $g：x \to \dfrac{x-1}{2}$.

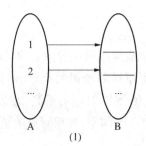
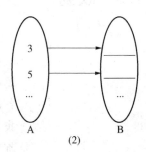

图 2-1-8

# 2.2 习题课 1

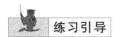

1. 理解函数的概念,会求函数的定义域、值域.
2. 运用所学知识将实际问题抽象成数学问题,建立数学模型并加以解决.结合实例选择用解析法、列表法、图像法来描述不同的函数问题.
3. 会判断对应是否是映射.

## 一、基础训练

**分析**:根据函数的概念选择正确答案或解答下列各题.

1. 下列四组中的函数 $f(x)$,$g(x)$,表示同一个函数的是( ).

   A. $f(x)=1$,$g(x)=x^0$

   B. $f(x)=x-1$,$g(x)=\dfrac{x^2}{x}-1$

   C. $f(x)=x^2$,$g(x)=(\sqrt{x})^4$

   D. $f(x)=x^3$,$g(x)=\sqrt[3]{x^9}$

2. 求下列函数的定义域:

   (1) $f(x)=\dfrac{3x}{x-4}$;  (2) $f(x)=\sqrt{x^2}$;  (3) $f(x)=\dfrac{\sqrt{4-x}}{x-1}$.

3. 已知函数 $f(x)=3x^2-5x+2$,求 $f(-\sqrt{2})$,$f(-a)$,$f(a+3)$,$f(a)+f(3)$ 的值.

## 二、典型例题

**例** 21世纪游乐园要建造一个直径为 20 m 的圆形喷水池,如图 2-2-1 所示.计划在喷水池的周边靠近水面的位置安装一圈喷水头,使喷出的水柱在离池中心 4 m 处达到最高,高度为 6 m.另外还要在喷水池的中心设计一个装饰物,使各方向喷来的水柱在此汇合.这个装饰物的高度应当如何设计?

**解**:过水池的中心任意选取一个截面,如图 2-2-2 所示.由物理学知识可知,喷出的水柱轨迹是抛物线.在图 2-2-2 中建立直角坐标系,由已知条件易知,水柱上任意一个点距中心的水平距离 $x$(m) 与此点的高度 $y$(m) 之间的函数关系是

图 2-2-1

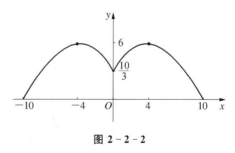

图 2-2-2

$$y = \begin{cases} a_1(x+4)^2 + 6 & (-10 \leqslant x < 0), \\ a_2(x-4)^2 + 6 & (0 \leqslant x \leqslant 10). \end{cases}$$

由 $x = -10$,$y = 0$,得 $a_1 = -\dfrac{1}{6}$;由 $x = 10$,$y = 0$,得 $a_2 = -\dfrac{1}{6}$. 于是,所求函数解析式是

$$y = \begin{cases} -\dfrac{1}{6}(x+4)^2 + 6 & (-10 \leqslant x < 0), \\ -\dfrac{1}{6}(x-4)^2 + 6 & (0 \leqslant x \leqslant 10). \end{cases}$$

当 $x = 0$ 时,$y = \dfrac{10}{3}$.

所以,装饰物的高度为 $\dfrac{10}{3}$ m.

### 三、巩固提高

1. 画出下列函数的图像,并说出函数的定义域、值域:

    (1) $y = 3x$;  　　　　　　　(2) $y = \dfrac{8}{x}$;

    (3) $y = -4x + 5$;　　　　　(4) $y = x^2 - 6x + 7$.

2. 若 $f(x) = x^2 + bx + c$,且 $f(1) = 0$,$f(3) = 0$,求 $f(-1)$ 的值.

3. 已知,矩形的面积为 10. 如果矩形的长为 $x$,宽为 $y$,对角线为 $d$,周长为 $l$,那么你能获得关于这些量的哪些函数?

4. 画出下列函数的图像:

    (1) $F(x) = \begin{cases} 0, & x \leqslant 0, \\ 1, & x > 0; \end{cases}$ 　　(2) $G(n) = 3n + 1$,$n \in \{1, 2, 3\}$.

5. 一个圆柱形容器的底部直径是 $d$ cm,高是 $h$ cm,现在以 $v$ cm³/s 的速度向容器内注入某种溶液,求容器内溶液的高度 $x$ cm 与注入溶液的时间 $t$ s 之间的函数解析式,并写出函数的定义域和值域.

6. 函数 $f(x) = [x]$ 的函数值表示不超过 $x$ 的最大整数,例如,$[-3.5] = -4$,$[2.1] = 2$,当 $x \in (-2.5, 3)$ 时,写出函数的解析式,并作出函数的图像.

7. 某地的出租车按如下方法收费:起步价 10 元,可行 3 km(不含 3 km);3~7 km(不含 7 km)按 1.6 元/km 计价(不足 1 km 按 1 km 计算);7 km 之后都按 2.4 元/km 计价(不足 1 km 按 1 km 计算). 试写出以行驶里程(单位:km)为自变量,车费(单位:元)为函数值的函数解析式,并画出这个函数图像.

8. 判断图 2-2-3 中各图表示的对应是不是集合 $A$ 到集合 $B$ 的映射,为什么?

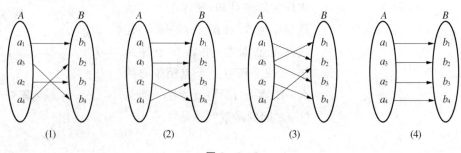

图 2-2-3

# 2.3 函数的基本性质

## 2.3.1 函数的单调性

观察图 2-3-1,可以看到:

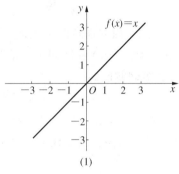
(1)

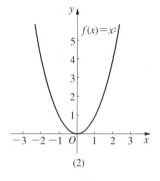
(2)

图 2-3-1

一次函数 $f(x)=x$ 的图像由左至右是上升的;二次函数 $f(x)=x^2$ 的图像由左至右在 $y$ 轴的左侧是下降的,在 $y$ 轴的右侧是上升的.函数图像的"上升"、"下降"反映了函数的一个基本性质——单调性.那么,如何用数学语言来描述函数图像的"上升""下降"呢?

以二次函数 $f(x)=x^2$ 为例,列出 $x,y$ 的对应值表 2-3-1.

表 2-3-1

| $x$ | … | $-4$ | $-3$ | $-2$ | $-1$ | $0$ | $1$ | $2$ | $3$ | $4$ | … |
|---|---|---|---|---|---|---|---|---|---|---|---|
| $f(x)=x^2$ | … | $16$ | $9$ | $4$ | $1$ | $0$ | $1$ | $4$ | $9$ | $16$ | … |

对比图 2-3-1 和表 2-3-1 可以发现:图像在 $y$ 轴左侧"下降",也就是,在区间 $(-\infty,0)$ 上,随着 $x$ 增大,相应地,$f(x)$ 反而随之减小;图像在 $y$ 轴右侧"上升",也就是,在区间 $(0,+\infty)$ 上,随着 $x$ 增大,相应地,$f(x)$ 也随之增大.

对于二次函数 $f(x)=x^2$ "在区间 $(0,+\infty)$ 上,随着 $x$ 增大,相应地,

$f(x)$ 也随之增大",也就是说在区间 $(0,+\infty)$ 上,任取两个 $x_1$,$x_2$,当 $x_1 < x_2$ 时,有 $f(x_1) < f(x_2)$.

一般地,设函数 $y = f(x)$ 的定义域为 $A$,区间 $I \subseteq A$.

如果对于区间 $I$ 内的任意两个值 $x_1$,$x_2$,当 $x_1 < x_2$ 时,都有 $f(x_1) < f(x_2)$,那么就说 $y = f(x)$ 在区间 $I$ 上是**单调增函数**(如图 2-3-2(1)),$I$ 称为 $y = f(x)$ 的**单调增区间**.

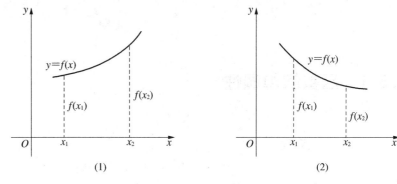

图 2-3-2

如果对于区间 $I$ 内的任意两个值 $x_1$,$x_2$,当 $x_1 < x_2$ 时,都有 $f(x_1) > f(x_2)$,那么就说 $y = f(x)$ 在区间 $I$ 上是**单调减函数**(图 2-3-2(2)),$I$ 称为 $y = f(x)$ 的**单调减区间**.

如果函数 $y = f(x)$ 在区间 $I$ 上是单调增函数或单调减函数,那么就说函数 $y = f(x)$ 在区间 $I$ 具有**单调性**.单调增区间和单调减区间统称为**单调区间**.在单调区间上增函数的图像是上升的,减函数的图像是下降的.

 **例1** 第 2.1 节开头的第二个问题中,气温 $\theta$ 是关于时间 $t$ 的函数,记为 $\theta = f(t)$,观察这个气温变化图(如图 2-1-1),指出 $\theta = f(t)$ 的单调区间,以及在每一单调区间上,$\theta = f(t)$ 是单调增函数还是单调减函数.

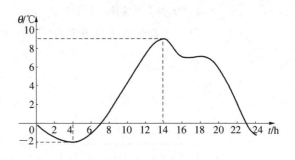

(注:同图 2-1-1)

**解:**函数 $\theta = f(t)$ 的单调区间有 $[0,4)$,$[4,14)$,$[14,24]$,其中 $\theta = f(t)$ 在区间 $[0,4)$,$[14,24]$ 上是单调减函数,在区间 $[4,14)$ 上是单调增函数.

要了解函数在某一区间是否具有单调性,从图像上进行观察是一种常用而又较为粗略的方法.严格地说,它需要根据单调函数的定义进行证明,下面举例说明.

**例 2** 求证：函数 $f(x)=3x+2$ 在区间 **R** 上是单调增函数.

证明：设 $x_1$，$x_2$ 是 **R** 上的任意两个实数，且 $x_1<x_2$，则
$$f(x_1)-f(x_2)=(3x_1+2)-(3x_2+2)=3(x_1-x_2).$$
由于 $x_1<x_2$，得 $x_1-x_2<0$，于是
$$f(x_1)-f(x_2)<0,$$
即
$$f(x_1)<f(x_2).$$
所以，函数 $f(x)$ 在区间 **R** 上是单调增函数.

**思考** 函数 $f(x)=-3x+2$ 在 **R** 上是单调增函数还是单调减函数？

**例 3** 求证：函数 $f(x)=\dfrac{1}{x}$ 在 $(0,+\infty)$ 上是单调减函数.

证明：设 $x_1$，$x_2$ 是 $(0,+\infty)$ 上的任意两个实数，且 $x_1<x_2$，则
$$f(x_1)-f(x_2)=\dfrac{1}{x_1}-\dfrac{1}{x_2}=\dfrac{x_2-x_1}{x_1 x_2}.$$

由于 $x_1,x_2\in(0,+\infty)$，得 $x_1 x_2>0$.
又由 $x_1<x_2$，得 $x_2-x_1>0$，于是
$$f(x_1)-f(x_2)>0,$$
即
$$f(x_1)>f(x_2).$$
所以，$f(x)=\dfrac{1}{x}$ 在 $(0,\infty)$ 上是单调减函数.

**注意** 通过观察图像，对函数是否具有某种性质作出一种猜想，然后通过推理的办法，证明这种猜想的正确性，是发现和解决问题的常用数学方法.

**思考** 如果 $x\in(-\infty,0)$，函数 $f(x)=\dfrac{1}{x}$ 是单调增函数还是单调减函数？证明你的结论.

## 2.3.2 函数的最大(小)值

**问题**

我们再来观察图 2-3-1，比较其中的两个函数图像，可以发现，函数 $f(x)=x^2$ 的图像上有一个最低点 $(0,0)$. 那么，如何用数学语言来描述图像的最低点呢？

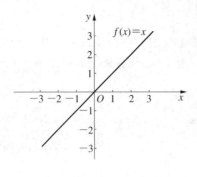
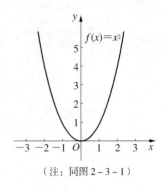

(注：同图 2-3-1)

当函数 $f(x)$ 的图像上最低点是 $(0,0)$ 时，也就是说，对于任意的 $x \in \mathbf{R}$，都有 $f(x) \geqslant f(0)$. 这时，我们就说函数 $f(x)$ 有最小值. 而函数 $f(x) = x$ 的图像没有最低点，所以函数 $f(x) = x$ 没有最小值.

一般地，设函数 $y = f(x)$ 的定义域为 $A$.

若存在定值 $x_0 \in A$，使得对于任意 $x \in A$，都有 $f(x) \geqslant f(x_0)$ 恒成立，则称 $f(x_0)$ 为 $y = f(x)$ 的**最小值**，记为

$$y_{\min} = f(x_0).$$

若存在定值 $x_0 \in A$，使得对于任意 $x \in A$，都有 $f(x) \leqslant f(x_0)$ 恒成立，则称 $f(x_0)$ 为 $y = f(x)$ 的**最大值**，记为

$$y_{\max} = f(x_0).$$

 第 2.1 节开头的第二个问题中，气温 $\theta$ 是关于时间 $t$ 的函数，记为 $\theta = f(t)$，观察这个气温变化图(如图 2-1-1)，指出全天的最高、最低气温分别是多少？

**解**：观察函数图像可以知道，图像上位置最高的点是 $(14, 9)$，最低的点是 $(4, -2)$，所以函数 $\theta = f(t)$ 当 $t = 14$ 时取得最大值，即 $\theta_{\max} = 9$；当 $t = 4$ 时取得最小值，即 $\theta_{\min} = -2$，也就是说，全天的最高气温是 $9\,℃$，最低气温是 $-2\,℃$.

 求如图 2-3-3 所示的下列函数的最小值：

(1) $y = x^2 - 2x$；

(2) $y = \dfrac{1}{x}$，$x \in [1, 3]$.

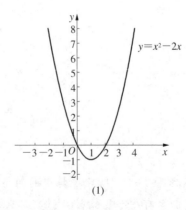
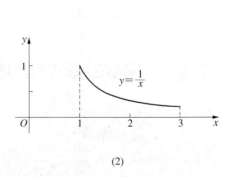

(1)                          (2)

图 2-3-3

**解**：(1) 因为

$$y = x^2 - 2x = (x-1)^2 - 1 \geqslant -1,$$

且当 $x=1$ 时 $y=-1$,所以函数取得最小值 $-1$,即 $y_{\min} = -1$.

(2)因为对于任意实数 $x \in [1,3]$ 都有 $\dfrac{1}{x} \geqslant \dfrac{1}{3}$,且当 $x=3$ 时 $\dfrac{1}{x} = \dfrac{1}{3}$,所以函数取得最小值 $\dfrac{1}{3}$,即 $y_{\min} = \dfrac{1}{3}$.

1. 整个上午(8:00~12:00)天气越来越暖,中午时分(12:00~13:00),一场暴风雨使天气骤然凉爽了许多.暴风雨过后,天气转暖,直到太阳落山(18:00)才又开始转凉.画出这一天(8:00~20:00)期间气温作为时间函数的一个可能的图像,并说出所画函数的单调区间.

2. 判断 $f(x) = x^2 - 1$ 在 $(0, +\infty)$ 上是增函数还是减函数.

3. 判断 $f(x) = -\dfrac{1}{x}$ 在 $(-\infty, 0)$ 上是增函数还是减函数.

4. 证明函数 $f(x) = -2x + 1$ 在 **R** 上是单调减函数.

5. 设 $f(x)$ 是定义在区间 $[-6, 11]$ 上的函数.如果 $f(x)$ 在区间 $[-6, -2]$ 上递减,在区间 $[-2, 11]$ 上递增,画出 $f(x)$ 的一个大致的图像,从图像上可以发现 $f(-2)$ 是函数 $f(x)$ 的一个_____.

6. 求 $f(x) = -x^2 + 2x$ 在 $[0, 10]$ 上的最大值和最小值.

## 2.3.3 函数的奇偶性

在日常生活中,可以观察到许多对称现象:美丽的蝴蝶,盛开的花朵,六角形的雪花晶体,建筑物和它在水中的倒影(图 2-3-4).

观察图 2-3-5,思考并讨论:这两个函数图像有什么共同特征吗?

图 2-3-4

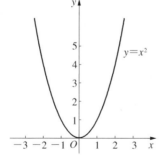

| $x$ | $-3$ | $-2$ | $-1$ | $0$ | $1$ | $2$ | $3$ |
|---|---|---|---|---|---|---|---|
| $f(x) = x^2$ | 9 | 4 | 1 | 0 | 1 | 4 | 9 |

(1)

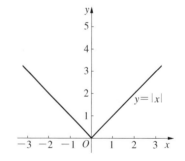

| $x$ | $-3$ | $-2$ | $-1$ | $0$ | $1$ | $2$ | $3$ |
|---|---|---|---|---|---|---|---|
| $f(x) = |x|$ | 3 | 2 | 1 | 0 | 1 | 2 | 3 |

(2)

图 2-3-5

我们看到,这两个函数的图像都关于 $y$ 轴对称.那么,如何用数学语言来描述函数的这种对称性呢?

2.3 函数的基本性质

从函数值对应表可以看到,当自变量 $x$ 取一对相反数时,相应的两个函数值相同.

例如,对于函数 $f(x)=x^2$ 有:
$$f(-3)=9=f(3);$$
$$f(-2)=4=f(2);$$
$$f(-1)=1=f(1).$$

实际上,对于 **R** 内的任意的一个 $x$,都有
$$f(-x)=(-x)^2=x^2=f(x).$$

一般地,如果对于函数 $f(x)$ 的定义域内的任意一个 $x$,都有
$$f(-x)=f(x),$$
那么称函数 $y=f(x)$ 是**偶函数**.偶函数的图像关于 $y$ 轴对称.

例如,函数 $f(x)=x^2+1$,$f(x)=\dfrac{2}{x^2+11}$ 都是偶函数.它们的图像如图 2-3-6 所示.

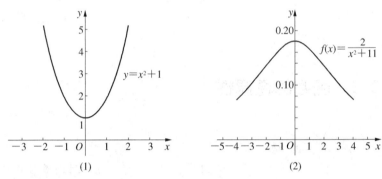

图 2-3-6

观察函数 $f(x)=x$ 和 $f(x)=\dfrac{1}{x}$ 的图像(图 2-3-7),完成下面的两个函数值对应表,并思考这两个函数有什么共同特征吗?

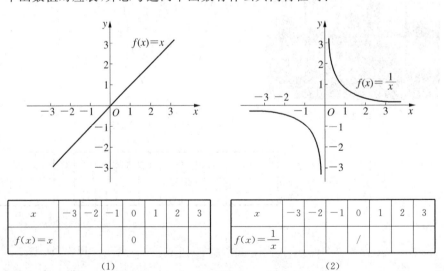

图 2-3-7

我们看到,两个函数的图像都关于原点对称.

一般地,如果对于函数 $f(x)$ 的定义域内的任意一个 $x$,都有
$$f(-x) = -f(x),$$
那么称函数 $y = f(x)$ 是**奇函数**. 奇函数的图像是关于原点对称.

如果函数 $f(x)$ 是奇函数或偶函数,我们就说函数 $f(x)$ 具有**奇偶性**.

**例 6** 判断下列函数的奇偶性:

(1) $f(x) = x^3$;   (2) $f(x) = x + \dfrac{1}{x}$;

(3) $f(x) = 2|x|$;   (4) $f(x) = x + 1$.

**解:**(1) 对于函数 $f(x) = x^3$,其定义域为 $(-\infty, +\infty)$.

因为对定义域内的每一个 $x$,都有
$$f(-x) = (-x)^3 = -x^3 = -f(x),$$
所以,函数 $f(x) = x^3$ 是奇函数.

(2) 对于函数 $f(x) = x + \dfrac{1}{x}$,其定义域为 $\{x \mid x \neq 0\}$.

因为对定义域内的每一个 $x$,都有
$$f(-x) = -x + \dfrac{1}{-x} = -\left(x + \dfrac{1}{x}\right) = -f(x),$$
所以,函数 $f(x) = x + \dfrac{1}{x}$ 是奇函数.

(3) 对于函数 $f(x) = 2|x|$,其定义域为 $(-\infty, +\infty)$.

因为对定义域内的每一个 $x$,都有
$$f(-x) = 2|-x| = 2|x| = f(x),$$
所以,函数 $f(x) = 2|x|$ 是偶函数.

(4) 对于函数 $f(x) = x + 1$,其定义域为 $(-\infty, +\infty)$.

而 $f(-1) = 0$, $f(1) = 2$.

因 $f(-1) \neq f(1)$,故 $f(x)$ 不是偶函数;

又因 $f(-1) \neq -f(1)$,故 $f(x)$ 不是奇函数.

所以,$f(x) = x + 1$ 既不是偶函数,也不是奇函数.

1. 选择题:

函数 $f(x) = \dfrac{1}{x+2}$ (  ).

A. 是奇函数  B. 是偶函数

C. 既是奇函数又是偶函数  D. 既不是奇函数又不是偶函数

2. 已知 $f(x)$ 是偶函数,$g(x)$ 是奇函数,试将图 2-3-8 补充完整.

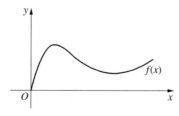 

图 2-3-8

3. 判断下列函数的奇偶性:

   (1) $f(x) = x^2 - 1$；　　　　(2) $f(x) = x^3 - 3x$；

   (3) $f(x) = x^2 - 2x + 1$；　　(4) $f(x) = \dfrac{x^4 - 1}{x^2}$.

4. 对于定义域在 **R** 上的函数 $f(x)$，判断下列命题是否正确：

   (1) 若 $f(-3) = f(3)$，则函数 $f(x)$ 是偶函数；

   (2) 若 $f(-3) \neq f(3)$，则函数 $f(x)$ 不是偶函数；

   (3) 若 $f(-3) \neq -f(3)$，则函数 $f(x)$ 不是奇函数.

# *2.4 反 函 数

## 2.4.1 反函数的概念

我们知道,物体作匀速直线运动的位移 $s$ 是时间 $t$ 的函数,即

$$s = vt,$$

其中速度 $v$ 是常量.反过来,如何由位移 $s$ 和速度 $v$(常量)确定物体作匀速直线运动的时间?

由位移 $s$ 和速度 $v$(常量)确定的物体作匀速直线运动的时间为

$$t = \frac{s}{v},$$

这时,位移 $s$ 是自变量,时间 $t$ 是位移 $s$ 的函数.

在这种情况下,我们就说 $t = \dfrac{s}{v}$ 是函数 $s = vt$ 的**反函数**.

又例如,在函数 $y = 2x + 6$ $(x \in \mathbf{R})$ 中,$x$ 是自变量,$y$ 是 $x$ 的函数.由 $y = 2x + 6$ 可以得到式子 $x = \dfrac{y}{2} - 3$ $(y \in \mathbf{R})$.这样,对于 $y$ 在 $\mathbf{R}$ 中任何一个值,通过式子 $x = \dfrac{y}{2} - 3$,$x$ 在 $\mathbf{R}$ 中都有惟一的值和它对应.也就是说,可以把 $y$ 作为自变量 $(y \in \mathbf{R})$,$x$ 作为 $y$ 的函数,这时我们就说 $x = \dfrac{y}{2} - 3$ $(y \in \mathbf{R})$ 是函数 $y = 2x + 6$ $(x \in \mathbf{R})$ 的反函数.

一般地,函数 $y = f(x)$ $(x \in A)$ 中,设它的值域为 $C$.我们根据这个函数中 $x$,$y$ 的关系,用 $y$ 把 $x$ 表示出来,得到 $x = \varphi(y)$.如果对于 $y$ 在 $C$ 中的任何一个值,通过 $x = \varphi(y)$,$x$ 在 $A$ 中都有惟一的值和它对应,那么 $x = \varphi(y)$ 就表示 $y$ 是自变量,$x$ 是自变量 $y$ 的函数.这样的函数 $x = \varphi(y)$ $(y \in C)$ 叫做函数 $y = f(x)$ $(x \in A)$ 的反函数,记作

$$x = f^{-1}(y).$$

在函数 $x = f^{-1}(y)$ 中，$y$ 是自变量，$x$ 表示函数．但在习惯上，我们一般仍用 $x$ 表示自变量，用 $y$ 表示函数，为此，我们常常对调函数 $x = f^{-1}(y)$ 中的字母 $x$，$y$，仍把它改写成 $y = f^{-1}(x)$（在本书中，今后凡不特别说明，函数 $y = f(x)$ 的反函数都采用这种经过改写的形式）．例如函数 $y = 2x$ 的反函数为 $y = \dfrac{x}{2}$（$x \in \mathbf{R}$），函数 $y = 5x - 6$ 的反函数为 $y = \dfrac{x+6}{5}$（$x \in \mathbf{R}$）等．

从反函数的概念可知，如果函数 $y = f(x)$ 有反函数 $y = f^{-1}(x)$，那么函数 $y = f^{-1}(x)$ 的反函数就是 $y = f(x)$，这就是说，函数 $y = f(x)$ 与 $y = f^{-1}(x)$ **互为反函数**．

从映射的概念可知，函数 $y = f(x)$ 是定义域集合 $A$ 到值域集合 $C$ 的映射，而它的反函数 $y = f^{-1}(x)$ 是集合 $C$ 到集合 $A$ 的映射．

函数 $y = f(x)$ 的定义域，正好是它的反函数 $y = f^{-1}(x)$ 的值域；函数 $y = f(x)$ 的值域，正好是它的反函数 $y = f^{-1}(x)$ 的定义域，如表 2-4-1 所示．

表 2-4-1

|  | 函数 $y = f(x)$ | 反函数 $y = f^{-1}(x)$ |
| --- | --- | --- |
| 定义域 | $A$ | $C$ |
| 值 域 | $C$ | $A$ |

**例 1** 求下列函数的反函数：

(1) $y = 3x - 1$（$x \in \mathbf{R}$）；

(2) $y = x^3 + 1$（$x \in \mathbf{R}$）；

(3) $y = \sqrt{x} + 1$（$x \geqslant 0$）．

**解：**(1) 由 $y = 3x - 1$，得 $x = \dfrac{y+1}{3}$，所以，函数 $y = 3x - 1$（$x \in \mathbf{R}$）的反函数是

$$y = \dfrac{x+1}{3} \ (x \in \mathbf{R});$$

(2) 由 $y = x^3 + 1$（$x \in \mathbf{R}$）函数，得 $x = \sqrt[3]{y - 1}$，所以，函数 $y = x^3 + 1$（$x \in \mathbf{R}$）的反函数是

$$y = \sqrt[3]{x - 1} \ (x \in \mathbf{R});$$

(3) 由函数 $y = \sqrt{x} + 1$，得 $x = (y-1)^2$，所以，函数 $y = \sqrt{x} + 1$（$x \geqslant 0$）的反函数是

$$y = (x-1)^2 \ (x \geqslant 1).$$

## 2.4.2 互为反函数的函数图像间的关系

如果函数 $y = f(x)$ 的反函数是 $y = f^{-1}(x)$，那么在直角坐标系 $xOy$

中,它们的图像有什么关系呢?

我们看下面的问题.

**例 2** 求函数 $y=3x-2\ (x\in\mathbf{R})$ 的反函数,并且画出原来的函数和它的反函数的图像.

**解**:由 $y=3x-2$,得 $x=\dfrac{y+2}{3}$.因此,函数 $y=3x-2\ (x\in\mathbf{R})$ 的反函数是

$$y=\dfrac{x+2}{3}\ (x\in\mathbf{R}).$$

函数 $y=3x-2\ (x\in\mathbf{R})$ 和它的反函数 $y=\dfrac{x+2}{3}\ (x\in\mathbf{R})$ 的图像,如图 2-4-1 所示.

图 2-4-1

**例 3** 求函数 $y=x^3\ (x\in\mathbf{R})$ 的反函数,并且画出原来的函数和它的反函数的图像.

**解**:由 $y=x^3$,得 $x=\sqrt[3]{y}$.因此,函数 $y=x^3$ 的反函数是

$$y=\sqrt[3]{x}\ (x\in\mathbf{R}).$$

函数 $y=x^3\ (x\in\mathbf{R})$ 和它的反函数 $y=\sqrt[3]{x}\ (x\in\mathbf{R})$ 的图像,如图 2-4-2 所示.

从图 2-4-1 可以看出,函数 $y=3x-2\ (x\in\mathbf{R})$ 和它的反函数 $y=\dfrac{x+2}{3}\ (x\in\mathbf{R})$ 的图像关于直线 $y=x$ 对称.

从图 2-4-2 可以看出,函数 $y=x^3\ (x\in\mathbf{R})$ 和它的反函数 $y=\sqrt[3]{x}\ (x\in\mathbf{R})$ 的图像关于直线 $y=x$ 对称.

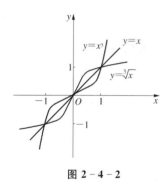

图 2-4-2

一般地,函数 $y=f(x)$ 的图像和它的反函数 $y=f^{-1}(x)$ 的图像关于直线 $y=x$ 对称.

**练习**

1. 已知函数 $y=f(x)$,求它的反函数 $y=f^{-1}(x)$:

   (1) $y=-2x+3\ (x\in\mathbf{R})$;   (2) $y=-\dfrac{2}{x}\ (x\in\mathbf{R}$,且 $x\neq 0)$;

   (3) $y=x^4\ (x\geqslant 0)$;   (4) $y=\sqrt{x-2}\ (x\geqslant 2)$.

2. 求下列函数的反函数,并画出函数及其反函数的图像:

   (1) $y=4x-\dfrac{1}{2}\ (x\in\mathbf{R})$;   (2) $y=\dfrac{1}{x+3}\ (x\in\mathbf{R}$,且 $x\neq -3)$.

3. 画出函数 $y=x^2\ (x\in[0,+\infty))$ 的图像.再利用对称关系画出它的反函数的图像.

4. 如果一次函数 $y=ax+2$ 与 $y=3x-b$ 的图像关于直线 $y=x$ 对称,求 $a,b$ 的值.

# 2.5 习题课 2

**练习引导**

1. 掌握函数的性质（单调性、奇偶性、最大值、最小值），会证明某函数具有单调性、奇偶性，会求简单函数的最大值或最小值.
2. 能将实际问题抽象成数学问题，并利用函数性质加以解决.
3. 了解反函数的意义，会求简单函数的反函数.

## 一、基础训练

**分析**：根据函数的性质（奇偶性、单调性），反函数的概念，选择正确答案.

1. 已知函数 $f(x)$ 是奇函数，当 $x>0$ 时，$f(x)=x(1+x)$；当 $x<0$ 时，$f(x)$ 等于（　　）.

   A. $-x(1-x)$      B. $x(1-x)$
   
   C. $-x(1+x)$      D. $x(1+x)$

2. 下列函数中既是奇函数，又在定义域上为增函数的是（　　）.

   A. $f(x)=3x+1$      B. $f(x)=\dfrac{1}{x}$
   
   C. $f(x)=1-\dfrac{1}{x}$      D. $f(x)=x^3$

3. 下列函数中哪些互为反函数？

$$y=x^3,\ y=5+x,\ y=2x,\ y=-4x,$$

$$y=\sqrt[3]{x},\ y=x-5,\ y=\dfrac{x}{2},\ y=-\dfrac{1}{4}x.$$

## 二、典型题

**例 1** 物理学中的玻意耳定律 $p=\dfrac{k}{V}$（$k$ 为正常数）告诉我们，对于一定量的气体，当其体积 $V$ 减小时，压强 $p$ 将增大. 试用函数的单调性证明之.

**分析**：按题意，只要证明函数 $p=\dfrac{k}{V}$ 在区间 $(0,+\infty)$ 上是减函数即可.

**证明**：根据单调性的定义，设 $V_1$、$V_2$ 是定义域 $(0,+\infty)$ 上的任意两个实数，且 $V_1<V_2$，则

$$p(V_1)-p(V_2)=\dfrac{k}{V_1}-\dfrac{k}{V_2}=k\dfrac{V_2-V_1}{V_1V_2}.$$

由 $V_1$、$V_2 \in (0, +\infty)$ 得，$V_1 V_2 > 0$；

由 $V_1 < V_2$ 得，$V_2 - V_1 > 0$.

由 $k > 0$，于是
$$p(V_1) - p(V_2) > 0,$$
即
$$p(V_1) > p(V_2).$$

所以，函数 $p = \dfrac{k}{V}$，$V \in (0, +\infty)$ 是减函数. 也就是说，当体积 $V$ 减小时，压强 $p$ 将增大.

 **例 2** 求函数 $y = \dfrac{2}{x-1}$ 在区间 $[2, 6]$ 上的最大值和最小值.

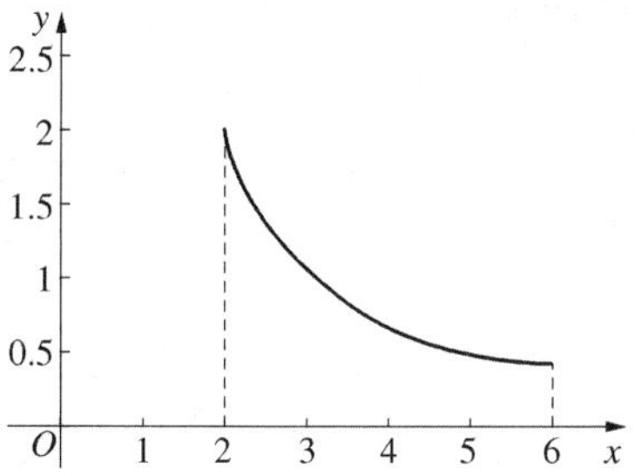

**分析**：由函数 $y = \dfrac{2}{x-1}$（$x \in [2, 6]$）的图像（图 2-5-1）可知，函数 $y = \dfrac{2}{x-1}$ 在区间 $x \in [2, 6]$ 上递减. 所以，函数 $y = \dfrac{2}{x-1}$ 在区间 $[2, 6]$ 的两个端点上分别取得最大值和最小值.

**解**：设 $x_1$，$x_2$ 是区间 $[2, 6]$ 上的任意两个实数，且 $x_1 < x_2$，则
$$f(x_1) - f(x_2) = \dfrac{2}{x_1 - 1} - \dfrac{2}{x_2 - 1} = \dfrac{2[(x_2 - 1) - (x_1 - 1)]}{(x_1 - 1)(x_2 - 1)}$$
$$= \dfrac{2(x_2 - x_1)}{(x_1 - 1)(x_2 - 1)}.$$

图 2-5-1

由 $2 < x_1 < x_2 < 6$，得 $(x_2 - x_1) > 0$，$(x_1 - 1)(x_2 - 1) > 0$，于是
$$f(x_1) - f(x_2) > 0,$$
即
$$f(x_1) > f(x_2).$$

所以，函数 $y = \dfrac{2}{x-1}$ 是区间 $[2, 6]$ 上的减函数.

因此，函数 $y = \dfrac{2}{x-1}$ 在 $x = 2$ 时，取得最大值，最大值是 2；在 $x = 6$ 时，取得最小值，最小值是 0.4.

### 三、巩固提高

1. $x \in \mathbf{R}$ 时，一次函数 $y = mx + b$ 在 $m < 0$ 和 $m > 0$ 时的单调性是怎样的？利用函数单调性的定义证明你的结论.

2. 画出下列函数的图像，并根据图像说出 $y = f(x)$ 的单调区间，以及在各个单调区间上，函数 $y = f(x)$ 是增函数还是减函数.
   (1) $y = x^2 - 5x + 5$；(2) $y = 9 - x^2$.

3. 证明：
   (1) 函数 $f(x) = x^2 + 1$ 在 $(-\infty, 0)$ 上是减函数.
   (2) 函数 $f(x) = 1 - \dfrac{1}{x}$ 在 $(-\infty, 0)$ 上是增函数.

4. 一个鹿群在开始观察时有 3 500 头，经过两个月的观察，收集到了表 2-5-1 所示的数据，表格中的数据反映出鹿群数量随时间的变化具有一定的规律，请根据表格回答以下问题：

2.5 习题课 2

表 2-5-1

| 天数 | 0 | 5 | 10 | 15 | 20 | 25 | 30 |
|---|---|---|---|---|---|---|---|
| 数量 | 3 500 | 3 750 | 4 250 | 4 500 | 4 250 | 3 750 | 3 500 |
| 天数 | 35 | 40 | 45 | 50 | 55 | 60 | |
| 数量 | 3 750 | 4 250 | 4 500 | 4 250 | 3 750 | 3 500 | |

(1) 鹿群数量何时增加？何时减少？

(2) 鹿群在第一个月哪一天数量最多？哪一天数量最少？

5. 如图 2-5-2 所示，动物园要建造一面靠墙的 2 间面积相同的矩形熊猫居室，如果可供建造围墙的材料总长是 30 m，那么宽 $x$（单位：m）为多少才能使所建造的熊猫居室面积最大？熊猫居室的最大面积是多少？

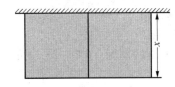

图 2-5-2

6. 判断下列函数的奇偶性：

(1) $f(x) = \dfrac{2}{x^2+1}$；(2) $f(x) = x^3$.

7. 已知函数 $y = \sqrt{25-4x^2}$ $\left(x \in \left[0, \dfrac{5}{2}\right]\right)$，求它的反函数.

# 2.6 指数与指数幂运算

## 2.6.1 根式

某细胞分裂时,由一个分裂成 2 个,2 个分裂成 4 个,4 个分裂成 8 个.假设细胞分裂的次数为 $x$,相应的细胞个数为 $y$,则

$$y=2^x.$$

当 $x=6$ 时,$y=2^6=64$,即 1 个细胞 1 小时后分裂成 64 个细胞,在上述例子中,$x$ 只能取正整数.我们还知道对于式子 $2^x$,$x$ 取负整数和 0 也是有意义的,那么 $x$ 能取分数甚至无理数吗?

我们知道,如果 $x^2=a$,那么 $x$ 叫做 $a$ 的**平方根**.例如,$\pm 2$ 就是 4 的平方根;如果 $x^3=a$,那么 $x$ 叫做 $a$ 的**立方根**,例如,2 就是 8 的立方根.

类似地,由于 $(\pm 2)^4=16$,我们就把 $\pm 2$ 叫做 16 的 4 次方根;由于 $2^5=32$,2 就叫做 32 的 5 次方根.

一般地,如果一个实数 $x$ 满足 $x^n=a$ ($n>1$,且 $n\in \mathbf{N_+}$),那么 $x$ 叫做 $a$ 的 $n$ **次方根**.

当 $n$ 是奇数时,正数的 $n$ 次实数方根是一个正数,负数的 $n$ 次实数方根是一个负数.这时,$a$ 的 $n$ 次实数方根用符号 $\sqrt[n]{a}$ 表示.例如:

$$3^3=27 \Rightarrow 3=\sqrt[3]{27};$$

$$(-2)^3=-8 \Rightarrow -2=\sqrt[3]{-8};$$

$$x^3=6 \Rightarrow x=\sqrt[3]{6}.$$

当 $n$ 是偶数时,正数的 $n$ 次实数方根有两个,这两个数互为相反数,这时,正数 $a$ 的正的 $n$ 次实数方根用符号 $\sqrt[n]{a}$ 表示,负的 $n$ 次实数方根用符号 $-\sqrt[n]{a}$ 表示.它们可以合并写成 $\pm\sqrt[n]{a}$ ($a>0$) 的形式,例如:

$$x^2=3 \Rightarrow x=\pm\sqrt{3};$$

$$x^4 = 6 \Rightarrow x = \pm\sqrt[4]{6}.$$

需要注意的是，0 的 $n$ 次实数方根等于 0，记作 $\sqrt[n]{0} = 0$.

式子 $\sqrt[n]{a}$ 叫做**根式**，其中 $n$ 叫做**根指数**，$a$ 叫做**被开方数**.

根据 $n$ 次方根的意义，可得

$$(\sqrt[n]{a})^n = a.$$

例如，$(\sqrt{5})^2 = 5$，$(\sqrt[3]{-2})^3 = -2$.

探 究

$\sqrt[n]{a^n}$ 表示 $a^n$ 的 $n$ 次方根，等式 $\sqrt[n]{a^n} = a$ 一定成立吗? 如果不一定成立，那么 $\sqrt[n]{a^n}$ 等于什么?

通过探究可以得到:

当 $n$ 是奇数时，$\sqrt[n]{a^n} = a$;

当 $n$ 是偶数时，$\sqrt[n]{a^n} = |a| = \begin{cases} a & (a \geq 0), \\ -a & (a < 0). \end{cases}$

**例 1** 求下列各式的值:

(1) $\sqrt[3]{(-8)^3}$;  (2) $\sqrt{(-10)^2}$;

(3) $\sqrt[4]{(3-\pi)^4}$;  (4) $\sqrt{(a-b)^2}$ $(a > b)$.

**解**：(1) $\sqrt[3]{(-8)^3} = -8$;  (2) $\sqrt{(-10)^2} = |-10| = 10$;

(3) $\sqrt[4]{(3-\pi)^4} = |3-\pi| = \pi - 3$;

(4) $\sqrt{(a-b)^2} = |a-b| = a - b$ $(a > b)$.

## 2.6.2 分数指数幂

问 题

根据 $n$ 次实数方根的意义，我们有:

$$\sqrt[5]{a^{10}} = \sqrt[5]{(a^2)^5} = a^2 = a^{\frac{10}{5}} (a > 0),$$

$$\sqrt[3]{a^{12}} = \sqrt[3]{(a^4)^3} = a^4 = a^{\frac{12}{3}} (a > 0).$$

一般的根式是否都可以表示为分数指数幂的形式呢?

我们规定正数的正分数指数幂的意义是:

$$a^{\frac{m}{n}} = \sqrt[n]{a^m} \ (a > 0, m, n \in \mathbf{N}, 且 n > 1).$$

于是，在条件 $a > 0, m, n \in \mathbf{N}$，且 $n > 1$ 下，根式都可以写成分数指数幂的形式.

正数的负分数指数幂的意义与负整数指数幂的意义相仿,我们规定

$$a^{-\frac{m}{n}} = \frac{1}{a^{\frac{m}{n}}} \ (a>0, m, n \in \mathbf{N}, 且 n>1).$$

例如,$5^{-\frac{3}{4}} = \frac{1}{5^{\frac{3}{4}}} = \frac{1}{\sqrt[4]{5^3}}$,$a^{-\frac{2}{3}} = \frac{1}{a^{\frac{2}{3}}} = \frac{1}{\sqrt[3]{a^2}} \ (a>0)$.

0 的正分数指数幂等于 0,0 的负分数指数幂没有意义.

规定了分数指数幂的意义以后,指数的概念就从整数指数推广到有理数指数.

整数指数幂的运算性质,对于有理数指数幂也同样适用,即

$$a^r a^s = a^{r+s},$$

$$(a^r)^s = a^{rs},$$

$$(ab)^r = a^r b^r,$$

其中,$r, s \in \mathbf{Q}, a>0, b>0$.

**例 2** 求值:

$$8^{\frac{2}{3}}, \ 100^{-\frac{1}{2}}, \ \left(\frac{1}{4}\right)^{-3}, \ \left(\frac{16}{81}\right)^{-\frac{3}{4}}.$$

**解:** $8^{\frac{2}{3}} = (2^3)^{\frac{2}{3}} = 2^{3 \times \frac{2}{3}} = 2^2 = 4$;

$100^{-\frac{1}{2}} = \frac{1}{100^{\frac{1}{2}}} = \frac{1}{(10^2)^{\frac{1}{2}}} = \frac{1}{10}$;

$\left(\frac{1}{4}\right)^{-3} = (2^{-2})^{-3} = 2^{(-2) \times (-3)} = 2^6 = 64$;

$\left(\frac{16}{81}\right)^{-\frac{3}{4}} = \left(\frac{2}{3}\right)^{4 \times \left(-\frac{3}{4}\right)} = \left(\frac{2}{3}\right)^{-3} = \frac{27}{8}$.

**例 3** 用分数指数幂的形式表示下列各式(其中 $a>0$):

$$a^3 \cdot \sqrt{a}; \qquad a^2 \cdot \sqrt[3]{a^2}; \qquad \sqrt{a \cdot \sqrt[3]{a}}.$$

**解:** $a^3 \cdot \sqrt{a} = a^3 \cdot a^{\frac{1}{2}} = a^{3+\frac{1}{2}} = a^{\frac{7}{2}}$;

$a^2 \cdot \sqrt[3]{a^2} = a^2 \cdot a^{\frac{2}{3}} = a^{2+\frac{2}{3}} = a^{\frac{8}{3}}$;

$\sqrt{a \cdot \sqrt[3]{a}} = (a \cdot a^{\frac{1}{3}})^{\frac{1}{2}} = (a^{\frac{4}{3}})^{\frac{1}{2}} = a^{\frac{2}{3}}$.

**例 4** 计算下列各式(式中字母都是正数):

(1) $(2a^{\frac{2}{3}}b^{\frac{1}{2}})(-6a^{\frac{1}{2}}b^{\frac{1}{3}}) \div (-3a^{\frac{1}{6}}b^{\frac{5}{6}})$;

(2) $(m^{\frac{1}{4}}n^{-\frac{3}{8}})^8$.

**解:** (1) $(2a^{\frac{2}{3}}b^{\frac{1}{2}})(-6a^{\frac{1}{2}}b^{\frac{1}{3}}) \div (-3a^{\frac{1}{6}}b^{\frac{5}{6}})$

$= [2 \times (-6) \div (-3)] a^{\frac{2}{3}+\frac{1}{2}-\frac{1}{6}} b^{\frac{1}{2}+\frac{1}{3}-\frac{5}{6}}$

$= 4ab^0 = 4a$;

(2) $(m^{\frac{1}{4}} n^{-\frac{3}{8}})^8 = (m^{\frac{1}{4}})^8 (n^{-\frac{3}{8}})^8 = m^2 n^{-3} = \frac{m^2}{n^3}$.

**例 5** 计算下列各式：

(1) $(\sqrt[3]{25} - \sqrt{125}) \div \sqrt[4]{25}$；

(2) $\dfrac{a^2}{\sqrt{a}\sqrt[3]{a^2}}$ $(a > 0)$.

解：(1) $(\sqrt[3]{25} - \sqrt{125}) \div \sqrt[4]{25} = (5^{\frac{2}{3}} - 5^{\frac{3}{2}}) \div 5^{\frac{1}{2}}$

$= 5^{\frac{2}{3}} \div 5^{\frac{1}{2}} - 5^{\frac{3}{2}} \div 5^{\frac{1}{2}}$

$= 5^{\frac{2}{3} - \frac{1}{2}} - 5^{\frac{3}{2} - \frac{1}{2}}$

$= 5^{\frac{1}{6}} - 5$

$= \sqrt[6]{5} - 5$；

(2) $\dfrac{a^2}{\sqrt{a}\sqrt[3]{a^2}} = \dfrac{a^2}{a^{\frac{1}{2}} a^{\frac{2}{3}}} = a^{2 - \frac{1}{2} - \frac{2}{3}} = a^{\frac{5}{6}} = \sqrt[6]{a^5}$.

## 2.6.3 无理数指数幂

上面，我们已将指数式 $a^x$ 中的指数 $x$ 从整数推广到了有理数，是否还可以将指数推广到无理数呢？例如，"$2^{\sqrt{2}}$"有意义吗？

利用计算器，可以计算表 2-6-1 中的数值：

表 2-6-1

| $x$ | $2^x$ | 用计算器计算 $2^x$ |
|---|---|---|
| 1 | $2^1$ | 2 |
| 1.4 | $2^{1.4}$ | 2.639 015 821… |
| 1.41 | $2^{1.41}$ | 2.657 371 628… |
| 1.414 | $2^{1.414}$ | 2.664 749 650… |
| 1.414 2 | $2^{1.414 2}$ | 2.665 119 088… |
| … | … | … |
| $\sqrt{2}$ | ? | ? |

随着 $x$ 的取值越来越接近于 $\sqrt{2}$，$2^x$ 的值也越来越接近于一个确定的实数，我们把这个实数记为 $2^{\sqrt{2}}$.

一般地，当 $a > 0$ 且 $x$ 是一个无理数时，$a^x$ 也是一个确定的实数.有理数指数幂的运算性质对实数指数幂同样适用.

1. 用根式的形式表示下列各式($a>0$)：
$$a^{\frac{1}{5}}, a^{\frac{3}{4}}, a^{-\frac{3}{5}}, a^{-\frac{2}{3}}.$$

2. 用分数指数幂表示下列各式：
   (1) $\sqrt[3]{x^2}$；
   (2) $\sqrt[4]{(a+b)^3}$ ($a+b>0$)；
   (3) $\sqrt[3]{m^2+n^2}$；
   (4) $\sqrt[5]{y^3}$.

3. 求下列各式的值：
   (1) $25^{\frac{1}{2}}$；(2) $27^{\frac{2}{3}}$；(3) $49^{-\frac{3}{2}}$；(4) $\left(\dfrac{25}{4}\right)^{-\frac{3}{2}}$.

4. 计算下列各式：
   (1) $a^{\frac{1}{2}} a^{\frac{1}{4}} a^{-\frac{3}{8}}$；
   (2) $(x^{\frac{1}{2}} y^{-\frac{1}{3}})^6$；
   (3) $a^{\frac{1}{3}} a^{\frac{5}{4}} \div a^{\frac{1}{6}}$；
   (4) $\dfrac{1}{4} a^{\frac{1}{2}} b^{\frac{2}{3}} \div \left(-\dfrac{1}{2} a^{-\frac{1}{2}} b^{\frac{1}{3}}\right)$.

2.6 指数与指数幂运算

# 2.7 指数函数及其性质

据国务院发展研究中心2000年发表的《未来20年我国发展前景分析》判断,未来20年,我国GDP(国内生产总值)年平均增长率可望达到7.3%.那么,在2001~2020年,各年的GDP可望为2000年的多少倍?

如果把我国2000年GDP看成是一个单位,2001年为第一年,那么:

1年后(即2001年),我国的GDP可望为2000年的(1+7.3%)倍;

2年后(即2002年),我国的GDP可望为2000年的$(1+7.3\%)^2$倍;

3年后(即2003年),我国的GDP可望为2000年的多少倍?

设$x$年后,我国的GDP可望为2000年的$y$倍,那么,$x$与$y$有怎样的关系?

对于上述问题,若$x$年后我国的GDP为2000年的$y$倍,那么

$$y = (1+7.3\%)^x = 1.073^x \ (x \in \mathbf{N}, x \leqslant 20).$$

即从2000年起,$x$年后我国的GDP为2000年的$1.073^x$倍.

如果用字母$a$来代替数1.073,那么$x$与$y$的关系可以表示为形如

$$y = a^x$$

的函数,其中自变量$x$是指数,底数$a$是一个大于0且不等于1的常量.

一般地,函数$y = a^x (a > 0,$且$a \neq 1)$叫做**指数函数**,其中$x$是自变量,函数的定义域是$\mathbf{R}$.

指数函数$y = a^x (a > 0, a \neq 1)$有哪些性质呢?

我们先来画$y = 2^x$及$y = 3^x$的图像.

请同学们完成$x, y$的对应值表(如表2-7-1),并用描点法画出$y = 2^x$及$y = 3^x$的图像(如图2-7-1):

表2-7-1

| $x$ | ··· | -3 | -2 | -1.5 | -1 | -0.5 | 0 | 0.5 | 1 | 1.5 | 2 | 3 | ··· |
|---|---|---|---|---|---|---|---|---|---|---|---|---|---|
| $y=2^x$ | ··· | 0.13 | 0.25 | 0.35 | 0.5 | 0.71 | 1 | 1.4 | 2 | 2.8 | 4 | 8 | ··· |
| $y=3^x$ | ··· | 0.04 | 0.11 | 0.19 | 0.33 | 0.58 | 1 | 1.73 | 3 | 5.20 | 9 | 27 | ··· |

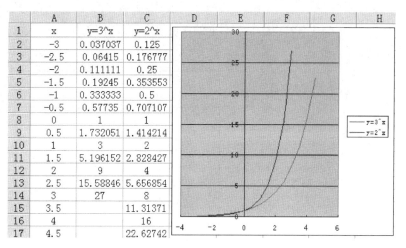

图 2-7-1

我们再来画 $y=\left(\dfrac{1}{2}\right)^x$ 的图像.

请同学们完成 $x$, $y$ 的对应值(如表 2-7-2),并用描点法画出它的图像(如图 2-7-2):

表 2-7-2

| $x$ | ... | $-3$ | $-2$ | $-1.5$ | $-1$ | $-0.5$ | $0$ | $0.5$ | $1$ | $1.5$ | $2$ | $3$ | ... |
|---|---|---|---|---|---|---|---|---|---|---|---|---|---|
| $y=\left(\dfrac{1}{2}\right)^x$ | ... | 8 | 4 | 2.8 | 2 | 1.4 | 1 | 0.71 | 0.5 | 0.35 | 0.25 | 0.13 | ... |

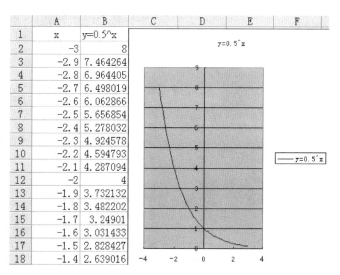

图 2-7-2

**思考** 函数 $y=2^x$ 的图像与函数 $y=\left(\dfrac{1}{2}\right)^x$ 的图像有什么关系?可否利用 $y=2^x$ 的图像画出 $y=\left(\dfrac{1}{2}\right)^x$ 的图像?可参见图 2-7-3.

**探究** 选取底数 $a$ ($a>0$,且 $a\neq 1$) 的若干个不同值,在同一平面直角坐标内作出相应的指数函数的图像,观察图像,你能发现它们有哪些共同特征?

2.7 指数函数及其性质

一般地,指数函数 $y=a^x$ 在底数 $a>1$ 及 $0<a<1$ 这两种情况下的图像和性质如表 2-7-3 所示.

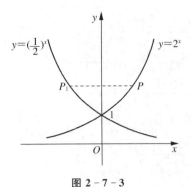

图 2-7-3

表 2-7-3

| | $0<a<1$ | $a>1$ |
|---|---|---|
| 图像 |  | |
| 定义域 | R | |
| 值域 | $(0, +\infty)$ | |
| 性质 | 图像过定点$(0, 1)$,即 $x=0$ 时,$y=1$ | |
| | 在 R 上是减函数 | 在 R 上是增函数 |

**例 1** 某种放射性物质不断变化为其他物质,每经过 1 年剩留的这种物质是原来的 84%.画出这种物质的剩留量随时间变化的图像,并从图像上求出经过多少年,剩留量是原来的一半(结果保留一个有效数字).

**解:** 设这种物质最初的质量是 1,经过 $x$ 年,剩留量是 $y$.

经过 1 年,剩留量 $y = 1 \times 84\% = 0.84^1$;

经过 2 年,剩留量 $y = 0.84 \times 0.84 = 0.84^2$;

……

一般地,经过 $x$ 年,剩留量

$$y = 0.84^x.$$

根据这个函数关系可以列表,如表 2-7-4 所示.

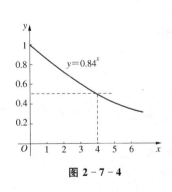

图 2-7-4

表 2-7-4

| $x$ | 0 | 1 | 2 | 3 | 4 | 5 | 6 |
|---|---|---|---|---|---|---|---|
| $y$ | 1 | 0.84 | 0.71 | 0.59 | 0.50 | 0.42 | 0.35 |

画出指数函数 $y = 0.84^x$ 的图像(如图 2-7-4).从图上看出 $y = 0.5$ 只需 $x \approx 4$.

**答:** 约经过 4 年,剩留量是原来的一半.

**例 2** 比较下列各题中两个值的大小:

(1) $2^{0.8}$, $2^{0.7}$;

(2) $0.6^{-0.1}$, $0.6^{0.1}$;

**解**：(1) 考察指数函数 $y = 1.7^x$. 由于底数 $1.7 > 1$，所以指数函数 $y = 1.7^x$ 在 **R** 上是增函数.

$\because 2.5 < 3,$

$\therefore 1.7^{2.5} < 1.7^3.$

(2) 考察指数函数 $y = 0.8^x$. 由于 $0 < 0.8 < 1$，所以指数函数 $y = 0.8^x$ 在 **R** 上是减函数.

$\because -0.1 > -0.2,$

$\therefore 0.8^{-0.1} < 0.8^{-0.2}.$

1. 在同一坐标系中，画出下列函数的图像：

   (1) $y = 3^x$；　　　　　　　　(2) $y = \left(\dfrac{1}{3}\right)^x$.

2. 求下列函数的定义域：

   (1) $y = 3^{\frac{1}{x}}$；　　　　　　　　(2) $y = 5^{\sqrt{x-1}}$；

   (3) $y = 2^{3-x}$；　　　　　　　　(4) $y = 0.7^{\frac{1}{2-x}}$.

3. 一个幼儿园现有幼儿 300 人，如果每年增长 5%，经过 $x$ 年后，幼儿园中有幼儿 $y$ 人. 写出 $x$ 与 $y$ 间的函数关系式；并且利用图像求得要经过多少年，幼儿可增加到 400 人(结果保留一个有效数字).

4. 比较下列各题中两个值的大小：

   (1) $3^{0.8}$，$3^{0.7}$；　　　　　　　　(2) $0.75^{-0.1}$，$0.75^{0.1}$；

   (3) $1.01^{2.7}$，$1.01^{3.5}$；　　　　　　(4) $0.99^{3.3}$，$0.99^{4.5}$.

5. 已知下列不等式，比较 $m, n$ 的大小：

   (1) $2^m < 2^n$；　　　　　　　　(2) $0.2^m > 0.2^n$；

   (3) $a^m < a^n (0 < a < 1)$；　　　　(4) $a^m > a^n (a > 1)$.

2.7　指数函数及其性质

# 2.8 习题课 3

**练习引导**

1. 以类比转化的思想,理解根式、分数指数幂的概念及性质;掌握利用分数指数幂的运算性质进行指数运算.

2. 以数形结合的思想,注重性质与图形的结合,理解指数函数的性质并加以应用.

3. 运用所学知识将实际问题抽象出数学问题,建立数学模型并加以解决.

### 一、基础训练

**分析**:根据根式、分数指数幂的运算性质及指数函数的性质选择正确答案.

1. $a^{-\frac{2}{3}}(a>0)$ 用根式表示为( ).

   A. $\sqrt{a^3}$  B. $\sqrt[3]{a^2}$  C. $\dfrac{1}{\sqrt{a^3}}$  D. $\dfrac{1}{\sqrt[3]{a^2}}$

2. $\sqrt[4]{(3-\pi)^4}$ 等于( ).

   A. $3-\pi$  B. $\pi-3$  C. $\pm(\pi-3)$  D. $\pm(3-\pi)$

3. 若 $0<a<1$,记 $m=a^{-1}$,$n=a^{-\frac{4}{3}}$,$p=a^{-\frac{1}{3}}$,则 $m,n,p$ 的大小关系是( ).

   A. $m<n<p$  B. $m<p<n$
   C. $n<m<p$  D. $p<m<n$

4. 已知函数 $f(x)=4+a^{x-1}$ 的图像恒过定点 $P$,则 $P$ 点的坐标是( ).

   A. $(1,5)$  B. $(1,4)$  C. $(0,4)$  D. $(4,0)$

### 二、典型例题

指数函数 $f(x)=a^x(a>0,$ 且 $a\neq1)$ 的图像经过点 $(3,2)$,求 $f(0)$,$f(1)$,$f(-3)$ 的值.

**分析**:要求 $f(0)$,$f(1)$,$f(-3)$ 的值,我们需要先求出指数函数 $f(x)=a^x$ 的解析式,也就是要先求 $a$ 的值,根据指数函数图像经过点 $(3,2)$ 这一条件,可以求得底数 $a$ 的值.

**解**:因为 $f(x)=a^x$ 的图像经过点 $(3,2)$,所以

$$f(3)=2,$$

即 $$a^3=2,$$

$$a = 2^{\frac{1}{3}}.$$

所以，$f(0) = (2^{\frac{1}{3}})^0 = 1$，$f(1) = (2^{\frac{1}{3}})^1 = \sqrt[3]{2}$，$f(2) = (2^{\frac{1}{3}})^2 = \sqrt[3]{4}$.

**例 2** 截止到 1999 年底，我国人口约 13 亿.如果今后能将人口年平均增长率控制在 1%，那么经过 20 年后，我国人口数约为多少(精确到亿)？

**解**：设今后人口年平均增长率为 1%，经过 $x$ 年后，我国人口数为 $y$ 亿.

1999 年底，我国人口约为 13 亿；

经过 1 年(即 2000 年)，人口数为
$$13 + 13 \times 1\% = 13 \times (1 + 1\%) \text{ 亿；}$$

经过 2 年(即 2001 年)，人口数为
$$13 \times (1+1\%) + 13 \times (1+1\%) \times 1\% = 13 \times (1+1\%)^2 \text{ 亿；}$$

经过 3 年(即 2002 年)，人口数为
$$13 \times (1+1\%)^2 + 13 \times (1+1\%)^2 \times 1\% = 13 \times (1+1\%)^3 \text{ 亿；}$$

……

所以，经过 $x$ 年，人口数为
$$y = 13 \times (1+1\%)^x = 13 \times 1.01^x \text{ 亿}.$$

当 $x = 20$ 时，$y = 13 \times 1.01^{20} \approx 16$ 亿.

所以，经过 20 年后，我国人口数约为 16 亿.

### 三、巩固提高

1. 求下列各式的值：

   (1) $\sqrt[4]{100^4}$；  (2) $\sqrt[5]{(-0.1)^5}$；

   (3) $\sqrt{(\pi-4)^2}$；  (4) $\sqrt[6]{(x-y)^6}$ $(x>y)$.

2. 用分数指数幂表示下列各式：

   (1) $\sqrt[3]{(a-b)^2}$；  (2) $\sqrt[4]{(a+b)^3}$；

   (3) $\sqrt[3]{ab^2 + a^2b}$；  (4) $\sqrt[7]{x^3 y^2}$.

3. 求下列各式的值：

   (1) $121^{\frac{1}{2}}$；  (2) $\left(\dfrac{64}{49}\right)^{-\frac{1}{2}}$；

   (3) $100\,000^{-\frac{3}{5}}$；  (4) $\left(\dfrac{125}{27}\right)^{-\frac{2}{3}}$.

4. 计算下列各式(其中各字母均为正数)：

   (1) $a^{\frac{1}{3}} a^{\frac{3}{4}} a^{\frac{7}{12}}$；  (2) $a^{\frac{2}{3}} a^{\frac{3}{4}} \div a^{\frac{5}{6}}$；

   (3) $(x^{\frac{1}{3}} y^{-\frac{3}{4}})^{12}$；

   (4) $4x^{\frac{1}{4}} (-3x^{\frac{1}{4}} y^{-\frac{1}{3}}) \div (-6x^{-\frac{1}{2}} y^{-\frac{2}{3}})$.

5. 计算：

   (1) $125^{\frac{2}{3}} + \left(\dfrac{1}{2}\right)^{-2} + 343^{\frac{1}{3}}$；

   (2) $(a^2 - 2 + a^{-2}) \div (a^2 - a^{-2})$.

6. 求下列函数的定义域：

(1) $y = 2^{3-x}$；

(2) $y = 3^{\frac{1}{2-x}}$；

(3) $y = \left(\dfrac{1}{2}\right)^{5x}$；

(4) $y = 0.7^{\frac{1}{4x}}$.

7. 一种产品的产量原来是 $a$ 元，在今后的 $m$ 年内，计划使产量平均每年比上一年增加 $P\%$. 写出产量随年数变化的函数解析式.

8. 比较下列各题中两个值的大小：

(1) $2^{0.8}$，$2^{0.7}$；

(2) $0.6^{-0.1}$，$0.6^{0.1}$；

(3) $2.1^2$，$2.1^{3.5}$；

(4) $0.75^3$，$0.75^{4.5}$.

9. 设 $y_1 = a^{3x+1}$，$y_2 = a^{-2x}$，其中 $a > 0$，且 $a \neq 1$，确定 $x$ 为何值时，有

(1) $y_1 = y_2$；

(2) $y_1 > y_2$.

10. 按复利计算利息的一种储蓄，本金为 $a$ 元，每期利率为 $r$，设本利和为 $y$，存期为 $x$，写出本利和 $y$ 随存期 $x$ 变化的函数解析式. 如果存入本金 1 000 元，每期利率为 2.25%，试计算 5 期后的本利和是多少(精确到 1 元)?

# 2.9 对数与对数运算

## 2.9.1 对数的概念

改革开放以来,我国经济保持了持续高速的增长,假设 2012 年我国国民生产总值为 $a$ 亿元,如果每年平均增长 7.5%,那么经过多少年国民生产总值是 2012 年时的 1.5 倍?

假设经过 $x$ 年国民生产总值为 2012 年时的 1.5 倍,根据题意有
$$a(1+7.5\%)^x = 1.5a,$$
即
$$1.075^x = 1.5.$$

这是已知底数和幂的值求指数的问题.

一般地,若 $a^b = N$ ($a > 0, a \neq 1$),那么 $b$ 叫做以 $a$ 为底 $N$ 的**对数**,记作
$$\log_a N = b,$$
其中 $a$ 叫做对数的**底数**,$N$ 叫做**真数**.

例如,因为 $4^2 = 16$,所以 $\log_4 16 = 2$;

因为 $4^{\frac{1}{2}} = 2$,所以 $\log_4 2 = \dfrac{1}{2}$.

因为 $10^2 = 100$,所以 $\log_{10} 100 = 2$.

因为 $10^{-2} = 0.01$,所以 $\log_{10} 0.01 = -2$.

根据对数的定义可得:
$$\log_a 1 = 0, \quad \log_a a = 1 \ (a > 0, a \neq 1).$$

根据 $a > 0$ 可知,不论 $b$ 是什么实数,都有 $a^b > 0$,这就是说不论 $b$ 是什么数,$N$ 永远是正数,因此**负数和零没有对数**.

通常将以 10 为底的对数叫做**常用对数**,为了简便,$N$ 的常用对数 $\log_{10} N$ 简记作 $\lg N$. 例如 $\log_{10} 5$ 简记作 $\lg 5$.

在科学技术中常常使用以无理数 e＝2.718 28… 为底的对数,以 e 为底的对数叫做**自然对数**,为了简便,$N$ 的自然对数 $\log_e N$ 简记作 $\ln N$. 例如 $\log_e 3$ 简记作 $\ln 3$.

**例 1** 将下列指数式写成对数式:

(1) $5^4 = 625$;  (2) $2^{-6} = \dfrac{1}{64}$;

(3) $3^a = 27$;  (4) $\left(\dfrac{1}{3}\right)^m = 5.37$.

**解**:(1) $\log_5 625 = 4$;

(2) $\log_2 \dfrac{1}{64} = -6$;

(3) $\log_3 27 = a$;

(4) $\log_{\frac{1}{3}} 5.73 = m$.

**例 2** 将下列对数式写成指数式:

(1) $\log_{\frac{1}{2}} 16 = -4$;  (2) $\log_2 128 = 7$;

(3) $\lg 0.01 = -2$;  (4) $\ln 10 = 2.303$.

**解**:(1) $\left(\dfrac{1}{2}\right)^{-4} = 16$;

(2) $2^7 = 128$;

(3) $10^{-2} = 0.01$;

(4) $e^{2.303} = 10$.

**例 3** 求下列各式的值:

(1) $\log_2 64$;  (2) $\log_9 27$.

**解**:(1) 由 $2^6 = 64$,得

$$\log_2 64 = 6.$$

(2) 设 $x = \log_9 27$,则根据对数的定义知

$$9^x = 27,$$

即

$$3^{2x} = 3^3,$$

得

$$2x = 3,$$

$$x = \dfrac{3}{2},$$

所以

$$\log_9 27 = \dfrac{3}{2}.$$

1. 把下列指数式写成对数式:

(1) $2^3 = 8$;  (2) $2^5 = 32$;

(3) $2^{-1} = \dfrac{1}{2}$；　　　　　　　　　　(4) $27^{-\frac{1}{3}} = \dfrac{1}{3}$.

2. 把下列对数式写成指数式：

(1) $\log_3 9 = 2$；　　　　　　　　　(2) $\log_5 125 = 3$；

(3) $\log_2 \dfrac{1}{4} = -2$；　　　　　　　(4) $\log_3 \dfrac{1}{81} = -4$.

3. 求下列各式的值：

(1) $\log_5 25$；　　　　　　　　　　(2) $\log_2 \dfrac{1}{16}$；

(3) $\lg 100$；　　　　　　　　　　　(4) $\lg 0.01$；

(5) $\lg 10\,000$；　　　　　　　　　(6) $\lg 0.000\,1$.

4. 求下列各式的值：

(1) $\log_{15} 15$；　　　　　　　　　(2) $\log_{0.4} 1$；

(3) $\log_9 81$；　　　　　　　　　　(4) $\log_{2.5} 6.25$；

(5) $\log_4 8$；　　　　　　　　　　(6) $\log_{81} 27$.

## 2.9.2　对数的运算性质

  问　题

根据指数与对数的关系以及指数的运算性质，你能得出相应的对数的运算性质吗？

由于
$$a^m a^n = a^{m+n},$$
设
$$M = a^m, N = a^n,$$
于是
$$MN = a^{m+n},$$
由对数的定义得到
$$\log_a M = m, \log_a N = n,$$
$$\log_a (MN) = m + n.$$

这样，我们就得到对数的一个运算性质：
$$\log_a (MN) = \log_a M + \log_a N.$$

探　究　　由 $a^m \div a^n = a^{m-n}$ 探求对数相应的运算性质.

一般地，对数有下列运算性质：
如果 $a > 0, a \neq 1, M > 0, N > 0$，那么

(1) $\log_a(MN) = \log_a M + \log_a N$；

(2) $\log_a \dfrac{M}{N} = \log_a M - \log_a N$；

(3) $\log_a M^n = n\log_a M \ (n \in \mathbf{R})$.

**例 4** 用 $\log_a x$，$\log_a y$，$\log_a z$ 表示下列各式：

(1) $\log_a \dfrac{xy}{z}$；　　　　(2) $\log_a \dfrac{x^2\sqrt{y}}{\sqrt[3]{z}}$.

**解**：(1) $\log_a \dfrac{xy}{z} = \log_a(xy) - \log_a z$

$\qquad\qquad\quad = \log_a x + \log_a y - \log_a z$；

(2) $\log_a \dfrac{x^2\sqrt{y}}{\sqrt[3]{z}} = \log_a(x^2\sqrt{y}) - \log_a \sqrt[3]{z}$

$\qquad\qquad\quad = \log_a x^2 + \log_a \sqrt{y} - \log_a \sqrt[3]{z}$

$\qquad\qquad\quad = 2\log_a x + \dfrac{1}{2}\log_a y - \dfrac{1}{3}\log_a y$.

**例 5** 求下列各式的值：

(1) $\log_2(4^7 \times 2^5)$；　　　　(2) $\lg \sqrt[5]{100}$.

**解**：(1) $\log_2(4^7 \times 2^5) = \log_2 4^7 + \log_2 2^5$

$\qquad\qquad\qquad\quad = 7\log_2 4 + 5\log_2 2$

$\qquad\qquad\qquad\quad = 7 \times 2 + 5 \times 1 = 19$；

(2) $\lg \sqrt[5]{100} = \dfrac{1}{5}\lg 10^2 = \dfrac{2}{5}\lg 10 = \dfrac{2}{5}$.

1. 用 $\lg x$，$\lg y$，$\lg z$ 表示下列各式：

(1) $\lg(xyz)$；　　　　(2) $\lg \dfrac{xy^2}{z}$；

(3) $\lg \dfrac{xy^3}{\sqrt{z}}$；　　　　(4) $\lg \dfrac{\sqrt{x}}{y^2 z}$.

2. 计算：

(1) $\log_3(27 \times 9^2)$；　　　　(2) $\lg 100^2$；

(3) $\lg 0.000\,01$；　　　　(4) $\log_7 \sqrt[3]{49}$.

3. 求下列各式的值：

(1) $\log_2 6 - \log_2 3$；　　　　(2) $\lg 5 + \lg 2$；

(3) $\log_5 3 + \log_5 \dfrac{1}{3}$；　　　　(4) $\log_3 5 - \log_3 15$.

4. 已知 $\log_a 2 = m$，$\log_a 3 = n$，试用 $m$，$n$ 表示下列各式：

(1) $\log_a 18$；　　　　(2) $\log_a \dfrac{27}{4}$.

# *2.10 换底公式

> **问题**

从对数的定义可以知道,任意不等于 1 的正数都可作为对数的底. 数学史上,人们经过大量的努力,制作了常用对数表、自然对数表,只要通过查表就能求出任意正数的常用对数或自然对数. 这样,如果能将其他底的对数转换为以 10 或 e 为底的对数,就能方便地求出以任意不为 1 的正数为底的对数. 例如,已知 $\lg 5 = 0.699$,$\lg 3 = 0.477\,1$,如何求 $\log_3 5$?

设 $\log_3 5 = x$,写成指数式,得

$$3^x = 5.$$

两边取常用对数,得

$$x \lg 3 = \lg 5.$$

所以 $x = \dfrac{\lg 5}{\lg 3} = \dfrac{0.699\,0}{0.477\,1} = 1.465.$

也就是

$$\log_3 5 = 1.465.$$

一般地,我们有下面的换底公式:

$$\log_b N = \dfrac{\log_a N}{\log_a b}.$$

其中 $b > 0$,且 $b \neq 1$;$a > 0$,且 $a \neq 1$;$N > 0$.

**证明**:设 $\log_b N = x$,写成指数式,得

$$b^x = N.$$

两边取以 $a$ 为底的对数,得

$$x \log_a b = \log_a N,$$

所以

$$x = \dfrac{\log_a N}{\log_a b},$$

所以

$$\log_b N = \frac{\log_a N}{\log_a b}.$$

根据对数换底公式,可以得到自然对数与常用对数之间的关系:

$$\ln N = \frac{\lg N}{\lg e} = \frac{\lg N}{0.4343},$$

或

$$\ln N = 2.303 \lg N.$$

**例 1** 求 $\log_8 9 \cdot \log_{27} 32$ 的值.

**解**:$\log_8 9 \cdot \log_{27} 32 = \dfrac{\lg 9}{\lg 8} \cdot \dfrac{\lg 32}{\lg 27} = \dfrac{2\lg 3}{3\lg 2} \cdot \dfrac{5\lg 2}{3\lg 3}$

$$= \frac{2}{3} \times \frac{5}{3} = 1\frac{1}{9}.$$

**例 2** 求证 $\log_x y \cdot \log_y z = \log_x z$.

**证明**:把 $\log_y z$ 化成以 $x$ 为底的对数,则

$$\log_x y \cdot \log_y z = \log_x y \cdot \frac{\log_x z}{\log_x y} = \log_x z.$$

现在,我们来解决本节开始提出的问题.

由 $$1.078^x = 4,$$

得

$$x = \log_{1.078} 4 = \frac{\lg 4}{\lg 1.078} \approx 18.5.$$

因此,约经过 19 年以后,我国 GDP 能实现比 2000 年翻两番的目标.

**练习**

1. 已知 $\lg 2 = 0.301$,$\lg 3 = 0.477$,求下列各对数的值:

   (1) $\log_2 1000$;　　　　　　　(2) $\log_5 0.5$;

   (3) $\log_9 8$;　　　　　　　　(4) $\log_{\frac{1}{2}} \dfrac{1}{3}$.

2. 已知 $\lg 2 = 0.301$,计算下列各题:

   (1) $\lg 5$;　　　　　　　　　(2) $\lg \dfrac{\sqrt{2}}{2}$.

3. 已知 $\lg 2 = 0.301$,$\lg 3 = 0.477$,$\lg 7 = 0.845$,计算下列各题:

   (1) $(\lg 5)^2 + \lg 2 \cdot \lg 5$;　　　(2) $\lg 35$;

   (3) $\log_2 \dfrac{1}{25} \cdot \log_3 \dfrac{1}{8} \cdot \log_5 \dfrac{1}{9}$.

4. 利用换底公式证明:

   (1) $\log_a b = \dfrac{1}{\log_b a}$;　　　　(2) $(\log_a b) \cdot (\log_b c) \cdot (\log_c a) = 1$.

5. 利用换底公式,计算下列各式:

   (1) $\log_2 5 \times \log_5 4$;　　(2) $\log_2 3 \times \log_3 4 \times \log_4 5 \times \log_5 6 \times \log_6 7 \times \log_7 8$.

# 2.11 对数函数及其性质

**问题**  我们曾经讨论过细胞分裂问题.某种细胞分裂时,得到细胞的个数 $y$ 是分裂次数 $x$ 的函数,这个函数可以用指数函数

$$y = 2^x$$

表示.

现在我们来研究相反的问题.知道了细胞个数 $y$,如何确定分裂次数 $x$?

为了求 $y = 2^x$ 中的 $x$,我们将 $y = 2^x$ 改写成对数式为

$$x = \log_2 y.$$

对于每一个给定的 $y$ 值,都有惟一的 $x$ 值与之对应.把 $y$ 看做自变量,$x$ 就是 $y$ 的函数.这样就得到了一个新的函数.

习惯上,仍用 $x$ 表示自变量,用 $y$ 表示它的函数,这样,上面的函数就写成 $y = \log_2 x$.

函数 $y = \log_a x$ $(a > 0,$ 且 $a \neq 1)$ 叫做**对数函数**,其中 $x$ 是自变量.函数的定义域是 $(0, +\infty)$.

**思考**  函数 $y = \log_a x$ 与函数 $y = a^x (a > 0, a \neq 1)$ 的定义域、值域之间有什么关系?

对数函数 $y = \log_a x$ $(a > 0, a \neq 1)$ 有哪些性质呢?

先画出 $y = 2^x$ 与 $y = \log_2 x$ 的图像(图 2-11-1(1)),再画出 $y = \left(\dfrac{1}{2}\right)^x$ 与 $y = \log_{\frac{1}{2}} x$ 的图像(图 2-11-1(2)).我们发现,函数 $y = 2^x$ 与 $y = \log_2 x$ 的图像关于直线 $y = x$ 对称,函数 $y = \left(\dfrac{1}{2}\right)^x$ 与 $y = \log_{\frac{1}{2}} x$ 的图像也关于直线 $y = x$ 对称.

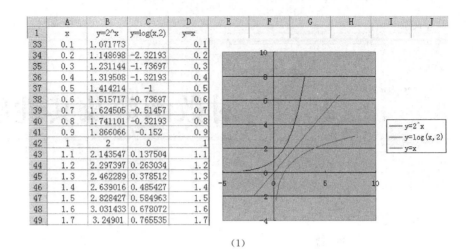

(1)

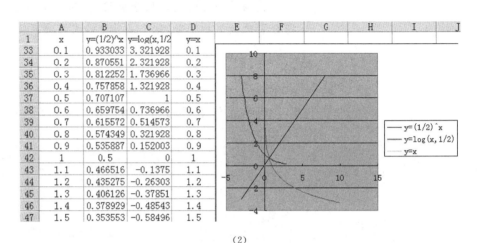

(2)

图 2-11-1

探究  观察图 2-11-2 中的函数的图像,对照指数函数的性质,你发现对数函数 $y = \log_a x$ 有哪些性质?

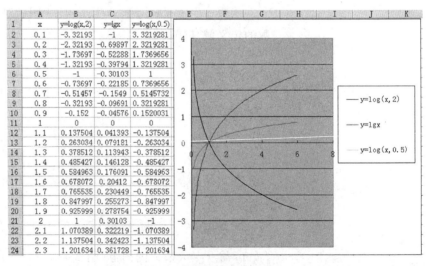

图 2-11-2

一般地,对数函数 $y = \log_a x$ 在其底数 $a > 1$ 及 $0 < a < 1$ 这两种情况的图像和性质如表 2-11-1 所示.

表 2-11-1

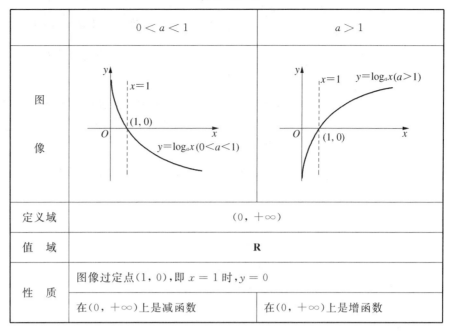

| | $0 < a < 1$ | $a > 1$ |
|---|---|---|
| 图像 | | |
| 定义域 | $(0, +\infty)$ | |
| 值域 | R | |
| 性质 | 图像过定点$(1, 0)$, 即 $x = 1$ 时, $y = 0$ | |
| | 在$(0, +\infty)$上是减函数 | 在$(0, +\infty)$上是增函数 |

**例 1** 求下列函数的定义域：

(1) $y = \log_a x^2$；

(2) $y = \log_a(4 - x)$；

(3) $y = \log_a(9 - x^2)$.

**解**：(1) 因为 $x^2 > 0$，即 $x \neq 0$，所以函数 $y = \log_a x^2$ 的定义域是 $\{x \mid x \neq 0\}$；

(2) 因为 $4 - x > 0$，即 $x < 4$，所以函数 $y = \log_a(4 - x)$ 的定义域是 $\{x \mid x < 4\}$；

(3) 因为 $9 - x^2 > 0$，即 $-3 < x < 3$，所以函数 $y = \log_a(9 - x^2)$ 的定义域是 $\{x \mid -3 < x < 3\}$.

**例 2** 比较下列各组数中两个值的大小：

(1) $\log_2 3.4$，$\log_2 5.8$；

(2) $\log_{0.3} 1.8$，$\log_{0.3} 2.7$；

(3) $\log_a 5.1$，$\log_a 5.9$（$a > 0, a \neq 1$）.

**解**：(1) 考察对数函数 $y = \log_2 x$，因为它的底数 $2 > 1$，所以它在 $(0, +\infty)$ 上是增函数，于是

$$\log_2 3.4 < \log_2 5.8;$$

(2) 考察对数函数 $y = \log_{0.3} x$，因为它的底数为 $0.3$，即 $0 < 0.3 < 1$，所以它在 $(0, +\infty)$ 上是减函数，于是

$$\log_{0.3} 1.8 > \log_{0.3} 2.7;$$

(3) 对数函数的增减性决定于对数的底数是大于1还是小于1. 而已知条件中并未明确指出底数 $a$ 与1哪个大，因此需要对底数 $a$ 进行讨论：

当 $a > 1$ 时，函数 $y = \log_a x$ 在 $(0, +\infty)$ 上是增函数，于是

2.11 对数函数及其性质

$$\log_a 5.1 < \log_a 5.9;$$

当 $0 < a < 1$ 时,函数 $y = \log_a x$ 在 $(0, +\infty)$ 上是减函数,于是

$$\log_a 5.1 > \log_a 5.9.$$

例 2 是利用对数函数的增减性比较两个对数的大小,对底数 $a$ 与 1 的大小关系未明确指定时,要分情况对底数进行讨论来比较两个对数的大小.

$$y = \log_a x \text{ 也称为 } y = a^x \text{ 的反函数.}$$

1. 画出函数 $y = \log_3 x$ 及 $y = \log_{\frac{1}{3}} x$ 的图像,并且说出这两个函数的相同性质和不同性质.

2. 求下列函数的定义域:

   (1) $y = \log_5(1-x)$;   (2) $y = \dfrac{1}{\log_2 x}$;

   (3) $y = \log_7 \dfrac{1}{1-3x}$;   (4) $y = \sqrt{\log_3 x}$.

3. 比较下列各题中两个值的大小:

   (1) $\lg 6$,$\lg 8$;   (2) $\log_{0.5} 6$,$\log_{0.5} 4$;

   (3) $\log_{\frac{2}{3}} 0.5$,$\log_{\frac{2}{3}} 0.6$;   (4) $\log_{1.5} 1.6$,$\log_{1.5} 1.4$.

4. 判断下列各式的正负:

   (1) $\log_3 1.3 - \log_3 1.5$;   (2) $\log_{\frac{1}{3}} 4 - \log_{\frac{1}{3}} 5$.

# 2.12 习题课 4

**练习引导**

1. 理解对数的概念，能够进行对数式与指数式互化，掌握对数的运算性质.

2. 以数形结合的思想，注重性质与图形的结合，通过指数函数的性质理解对数函数的性质并加以应用.

3. 运用所学知识将实际问题抽象成数学问题建立数学模型并加以解决.

## 一、基础训练

**分析**：根据对数的运算性质及对数函数的性质选择正确答案.

1. 已知 $m > 0$，且 $10^x = \lg 10m + \lg \dfrac{1}{m}$，则 $x$ 的值为（　　）.

   A. 2　　　　B. 1　　　　C. 0　　　　D. -1

2. 设 $\lg 2 = a$，$\lg 3 = b$，则 $\lg \sqrt{1.8} = $（　　）.

   A. $\dfrac{2b+a-1}{2}$　　B. $b+a-1$　　C. $\dfrac{b+2a-1}{2}$　　D. $a+b$

3. 函数 $y = \sqrt{\log_{\frac{1}{2}}(x-1)}$ 的定义域是（　　）.

   A. $(1, +\infty)$　　B. $(2, +\infty)$　　C. $(-\infty, 2)$　　D. $(1, 2]$

## 二、典型例题

求函数 $y = \dfrac{1}{\log_3(3x-2)}$ 的定义域.

**分析**：求函数的定义域，就必须分母不能等于 0，而且真数必须为正，也即解不等式组

$$\begin{cases} \log_3(3x-2) \neq 0, \\ 3x-2 > 0. \end{cases}$$

**解**：因为函数 $y = \dfrac{1}{\log_3(3x-2)}$ 的定义域必须满足不等式组：

$$\begin{cases} \log_3(3x-2) \neq 0, \\ 3x-2 > 0. \end{cases}$$

因为 $\log_3 1 = 0$，所以

$$\log_3(3x-2) \neq 0,$$

也即 $\log_3(3x-2) \neq \log_3 1,$

由此得 $3x-2 \neq 1$,

所以 $x \neq 1$.

由 $3x-2 > 0$ 得 $x > \dfrac{2}{3}$.

所以,所求函数的定义域是

$$\left\{x \,\Big|\, \dfrac{2}{3} < x < 1\right\} \cup \{x \mid x > 1\}.$$

 **例 2** 已知函数 $f(x) = \log_a(3+2x)$ $(a>0, a \neq 1)$.

(1) 求 $f(x)$ 的定义域;

(2) 当 $0 < a < 1$ 时,求使 $f(x) > 0$ 的 $x$ 的取值范围.

**解**:(1) 由对数函数的定义域知

$$3 + 2x > 0.$$

解得

$$x > -\dfrac{3}{2}.$$

故函数 $f(x)$ 的定义域为 $\left(-\dfrac{3}{2}, +\infty\right)$.

(2) $\log_a(3+2x) > 0 \Leftrightarrow \log_a(3+2x) > \log_a 1$.

因为 $0 < a < 1$,所以由对数函数的单调性知

$$0 < 3 + 2x < 1.$$

解得

$$-\dfrac{3}{2} < x < -1.$$

故当 $x \in \left(-\dfrac{3}{2}, -1\right)$ 时,$f(x) > 0$.

### 三、巩固提高

1. 把下列指数式化为对数式($a > 0, a \neq 1$):

   (1) $a^0 = 1$;  (2) $a^1 = a$;

   (3) $a^3 = N$;  (4) $a^{\frac{2}{3}} = M$.

2. 把下列对数式化成指数式($a > 0$,且 $a \neq 1$):

   (1) $\log_a N = b$ $(N > 0)$;  (2) $\log_a \sqrt[3]{a^2} = \dfrac{2}{3}$;

   (3) $\log_a 32 = 5$;  (4) $\log_a(x+y) = 3$ $(x+y > 0)$.

3. 计算:

   (1) $\log_a 2 + \log_a \dfrac{1}{2}$ $(a > 0,$ 且 $a \neq 1)$;  (2) $\log_3 18 - \log_3 2$;

   (3) $\lg \dfrac{1}{4} - \lg 25$;  (4) $2\log_5 10 + \log_5 0.25$;

   (5) $2\log_5 25 - 3\log_2 64$;  (6) $\log_2(\log_2 16)$.

4. 已知 $\lg 2 = 0.3010$,$\lg 3 = 0.4771$,求下列各对数的值(精确到 $0.0001$):

   (1) $\lg 6$;  (2) $\lg 4$;

   (3) $\lg 12$;  (4) $\lg \dfrac{3}{2}$.

5. 已知 $x$ 的对数,求 $x$：

   (1) $\lg x = \lg a + \lg b$；　　(2) $\log_a x = \log_a m - \log_a n$；

   (3) $\lg x = 3\lg n - \lg m$；　　(4) $\log_a x = \dfrac{1}{2}\log_a b - \log_a c$.

6. 画出函数 $y = \log_3 x$ 与 $y = \log_{\frac{1}{3}} x$ 的图像,指出这两个函数图像之间的关系,并说明这两个函数性质的相同点与不同点.

7. 求下列函数的定义域：

   (1) $y = \log_a(2-x)$ $(a > 0,$ 且 $a \neq 1)$；

   (2) $y = \log_4 \dfrac{2}{4x-3}$.

8. 利用对数函数的性质,比较下列各组数中两个数的大小：

   (1) $\log_5 7.8$ 与 $\log_5 7.9$；

   (2) $\log_{0.3} 3$ 与 $\log_{0.3} 2$；

   (3) $\ln 0.32$ 与 $\lg 2$.

9. 在不考虑空气阻力的条件下,火箭的最大速度 $v$(m/s) 和燃料的质量 $M$(kg)、火箭(除燃料外)的质量 $m$(kg) 的函数关系是 $v = 2\,000 \ln\left(1 + \dfrac{M}{m}\right)$. 当燃料质量是火箭质量的多少倍时,火箭的最大速度可达 12 km/s？

10. (1) 利用换底公式求下式的值：

    $\log_2 25 \cdot \log_3 4 \cdot \log_5 9$；

    (2) 利用换底公式证明

    $\log_a b \cdot \log_b c \cdot \log_c a = 1$.

11. 如果我国 GDP 年平均增长率保持为 7.3%,约多少年后我国的 GDP 在 1999 年的基础上翻两番？

2.12 习题课 4

# 小　结

本章从实际背景出发,抽象出函数概念,给出函数的表示法,研究了函数的单调性、奇偶性,进而研究了两类特殊的函数(指数函数、对数函数)的性质及应用.

**一、知识结构**

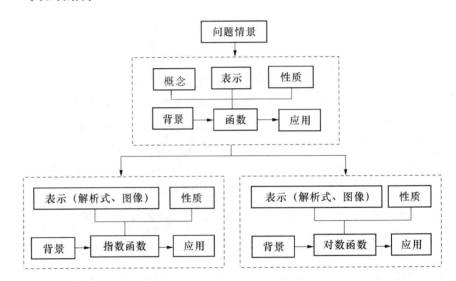

**二、回顾与思考**

1. 函数是两个数集上的一种对应关系.你能从实际问题抽象出数学问题并用函数模型描述这种对应关系吗?你能结合实例选择用解析法、列表法、图像法来描述不同的函数吗?

2. 类比整数指数幂的运算,你能准确地进行根式、分数指数幂的运算吗?根据对数的性质准确地进行对数运算吗?

3. 本章主要运用数形结合的方法来研究函数的性质.通过函数的图像来探索函数的性质,利用函数的性质又可以作出函数的图像.你能运用函数解决问题吗?运用函数解决问题的关键是什么?

**三、复习题**

1. 举出符合下列对应关系的例子:
    (1) 对于一个集合中的几个元素,另一个集合中有一个元素和它们对应;
    (2) 对于一个集合中的一个元素,另一个集合中有几个元素和它对应;
    (3) 对于一个集合中的一个元素,另一个集合中有且只有一个元素和它对应.

2. 举出几个实际生活中蕴涵函数关系的例子,并说出相应函数的定义域和值域各是什么?

3. 判断下列对应,哪些是映射,哪些不是映射:

(1) $A = \{1, 3, 5, 7, 9\}$, $B = \{2, 4, 6, 8, 10\}$,对应法则
$$f: a \to b = a + 1, a \in A, b \in B;$$

(2) $A = \{\alpha \mid \alpha 是锐角\}$, $B = \{y \mid 0 < y < 1\}$,对应法则
$$f: \alpha \to y = \sin \alpha, \alpha \in A, y \in B;$$

(3) $A = \{x \mid x \in \mathbf{R}\}$, $B = \{y \mid y > 0\}$,对应法则
$$f: x \to y = x^2, x \in A, y \in B.$$

4. 画下列函数的图像:

(1) $F(x) = \begin{cases} 0 & (x < 1), \\ x & (x \geqslant 1); \end{cases}$ (2) $G(x) = x \mid x - 2 \mid, x \in \mathbf{R}.$

5. 求下列函数的定义域:

(1) $f(x) = \sqrt{3x + 5}$; (2) $f(x) = \dfrac{\sqrt{x+1}}{x+2}$;

(3) $f(x) = \dfrac{1}{\sqrt{3-2x}}$; (4) $f(x) = \sqrt{x-1} + \dfrac{1}{x+4}$.

6. 设函数 $f(x) = \dfrac{1+x^2}{1-x^2}$,求证:

(1) $f(-x) = f(x)$; (2) $f\left(\dfrac{1}{x}\right) = -f(x)$.

7. 设 $f(x) = \dfrac{1-x}{1+x}$,求:

(1) $f(a+1)$; (2) $f(a) + 1$.

8. 设一个函数的解析式为 $f(x) = 2x + 3$,它的值域为 $\{-1, 2, 5, 8\}$,试求此函数的定义域.

9. 指出下列函数的单调区间,并说明在单调区间上函数是增函数还是减函数:

(1) $f(x) = -x^2 + x - 6$; (2) $f(x) = -\sqrt{x}$.

10. 把下列指数式化为对数式($a > 0$,且 $a \neq 1$):

(1) $a^0 = 1$; (2) $a^1 = a$;

(3) $a^3 = N$; (4) $a^{\frac{2}{3}} = M$.

11. 把下列对数式化为指数式($a > 0$,且 $a \neq 1$):

(1) $\log_3 81 = b$ ($N > 0$); (2) $\log_a \sqrt[5]{a^3} = \dfrac{3}{5}$;

(3) $\log_a \dfrac{1}{32} = -5$; (4) $\log_{\frac{1}{3}} N = 3$.

12. 计算 $(\lg 2)^3 + 3\lg 2 \cdot \lg 5 + (\lg 5)^3$ 的值.

13. 求下列函数的定义域:

(1) $f(x) = \log_2(4 + 3x)$; (2) $f(x) = \sqrt{4^x - 16}$.

*14. 求下列函数的反函数:

(1) $y = \dfrac{2^x + 1}{2^x - 1}$; (2) $y = \log_2 \dfrac{1}{x-1}$.

# 第三章 不 等 式

3.1 不等关系
3.2 不等式的解法
3.3 基本不等式及其应用
3.4 习题课
小结

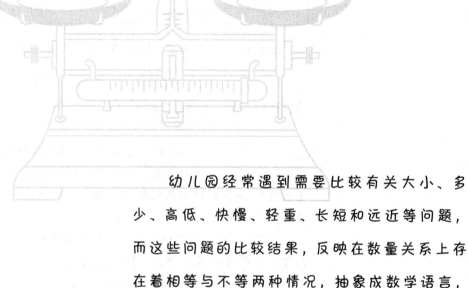

幼儿园经常遇到需要比较有关大小、多少、高低、快慢、轻重、长短和远近等问题，而这些问题的比较结果，反映在数量关系上存在着相等与不等两种情况，抽象成数学语言，就是等式与不等式的问题．其中不等的情况是大量的，因此，不等式在实际问题中有着广泛的应用．

在本章，我们将从实际问题引入不等关系，学习绝对值不等式、一元二次不等式的解法和基本不等式的简单应用，初步感受到不等关系的重要性和应用的广泛性．

# 3.1 不等关系

**? 问题**

(1) 商家经销一批苹果,进价每千克1.5元,运费是每千克0.02元,销售中估计有5%的苹果正常损耗.问商家把销售价至少定为多少,就能避免亏本?

**分析**:设销售定价为$x$(元/千克),将各种关系列表如下:

表3-1-1

| 购进价格 | 购进总量 | 运 费 | 损 耗 | 销售定价 | 销售总量 |
|---|---|---|---|---|---|
| 1.5(元/千克) | $a$(千克) | 0.02(元/千克) | 5%$a$(千克) | $x$(元/千克) | $a-5\%a$(千克) |

商家不亏本,必须满足销售的总收入不小于总支出.即有

$$a(1-5\%)x \geqslant 1.5a + 0.02a.$$

像这样用不等号连接起来的数量关系叫不等关系.

(2) 建筑学规定,民用住宅的窗户面积必须小于地板面积,但按采光标准,窗户面积与地板面积的比应不小于10%,并且这个比越大,住宅的采光条件越好.问同时增加相同的窗户面积与地板面积,住宅的采光条件是否变好了?

**分析**:设原住宅的窗户面积与地板面积分别为$a,b$(平方单位),同时增加的面积为$m$(平方单位).依题意,有$0<a<b<10a, m>0$.

于是,我们要判断比值$\dfrac{a+m}{b+m}$是否变大,即是判断不等式$\dfrac{a}{b}<\dfrac{a+m}{b+m}$是否成立.

(3) 某杂志单价2元时,发行量为10万册,经过调查,若单价每提高0.2元,发行量就减少5 000册,要使杂志社的销售收入大于22.4万元,单价应定在怎样的范围内?

**分析**:设杂志的单价提高$x$元,则发行量减少$0.5 \times \dfrac{x}{0.2} = \dfrac{5}{2}x$(万册).

据题意,$(2+x)\left(10-\dfrac{5}{2}x\right) > 22.4$,即$5x^2 - 10x + 4.8 < 0$.

(4) 要在长为8m、宽为6m的长方形场地上进行绿化,要求四周种花卉如图3-1-1所示(花卉带的宽度相同),中间作为草坪,要求草坪面积不少于总面积的一半,则花卉带宽度的范围应为多少?

**分析**：如果设花卉带的宽度为 $x$ m，由题意得：

$$(8-2x)\cdot(6-2x)\geqslant \frac{1}{2}\times(8\times 6).\qquad ①$$

化简，得 $\qquad x^2-7x+6\geqslant 0.\qquad ②$

图 3-1-1

上面的例子说明，我们可以利用不等式(组)来刻画不等关系．怎样解上述不等式？

你能举一些生活中蕴涵不等关系的例子吗？

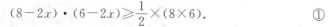

将下列问题转化为数学模型(不求解)：

1. 有一批货物的成本为 $a$ 元，如果本月初出售，可获利100元，然后可将本利都存入银行，已知银行月息为2‰；如果下月初出售，可获利120元，但要付5元保管费，试问是本月初出售还是下月初出售好？并说明理由．

2. 某商品进货单价为40元，若按50元一个销售，能卖出50个．若销售单价每涨1元销售量就减少一个，为了获得最大利润，该商品的最佳销售价为多少元？

3. 某车间进行优化劳动组合后，提高了工作效率，每人一天多做10个零件，这样8个工人一天做的零件超过了216个．后来又进行了技术革新，每人一天又多做了28个零件，这样他们4个人一天所做的零件就超过了优化劳动组合前12个人一天所做的零件，问他们进行了技术革新后的生产效率是优化劳动组合前的几倍？

4. 东风商场文具部的某种毛笔每支售价25元，书法练习本每本售价5元，该商场为促销制定了两种优惠办法．

甲：买一支毛笔就赠送一本书法练习本；

乙：按购买金额打九折．

某校欲为校书法兴趣小组购买这种毛笔10支，书法练习本 $x(x\geqslant 10)$ 本．写出每种优惠办法实际付款金额 $y_甲$(元)、$y_乙$(元)与 $x$(本)之间的关系式．

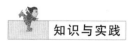

结合本节所学知识，以幼儿园"10以内加减法"这一知识为基础设计一个幼儿园数学活动，帮助幼儿初步了解数的大小及不等关系．

3.1 不等关系

# 3.2 不等式的解法

当实际问题化为不等关系(不等式或不等式组)时,要解决这些实际问题,首先要会解不等式(或证明不等式).下面我们就来研究常见的一些不等式的解法.

## 3.2.1 含有绝对值的不等式的解法

按商品质检部门规定,商店出售的标明 20 kg 的大米,其实际重量与标明重量的误差不超过 0.25 kg,现有某品牌大米,其单价为 3 元/kg,则一袋该品牌大米的实际重量可能为多少?

假设一袋大米的实际重量为 $x$ kg,那么,$x$ 应满足

$$\begin{cases} x-20 \leqslant 0.25, \\ 20-x \leqslant 0.25. \end{cases}$$

由绝对值的意义,这个结果也可表示为 $|x-20| \leqslant 0.25$.

像这样含有绝对值且绝对值符号内含有未知数的不等式叫做**绝对值不等式**.

那么,怎样解绝对值不等式呢?我们从简单的情况入手,先来解不等式 $|x|<3$.

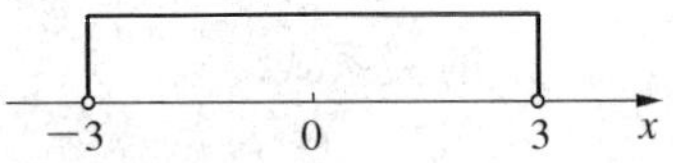

图 3-2-1

由绝对值的几何意义可知,不等式 $|x|<3$ 表示数轴上到原点的距离小于 3 的点的集合,在数轴上表示如图 3-2-1.所以,不等式 $|x|<3$ 的解集是:

$$\{x \mid -3 < x < 3\}.$$

类似地,不等式 $|x|>3$ 的解集表示数轴上到原点的距离大于 3 的点

的集合,在数轴上表示如图 3-2-2,所以,不等式 $|x|>3$ 的解集是:
$$\{x\mid x<-3 \text{ 或 } x>3\}.$$

图 3-2-2

一般地,不等式 $|x|<c(c>0)$ 的解集是
$$\{x\mid -c<x<c\}, \tag{1}$$
不等式 $|x|>c(c>0)$ 的解集是
$$\{x\mid x<-c \text{ 或 } x>c\}. \tag{2}$$

当 $c<0$ 时,不等式 $|x|<c$ 与 $|x|>c$ 的解集分别是什么?

解下列不等式:

(1) $|2x-3|<2$；　　(2) $|3x+2|\geqslant 4$.

**解**:(1) 原不等式即为
$$-2<2x-3<2,$$
则
$$1<2x<5,$$
即
$$\frac{1}{2}<x<\frac{5}{2},$$
所以原不等式的解集是 $\left\{x\mid \dfrac{1}{2}<x<\dfrac{5}{2}\right\}$.

(2) 原不等式即为
$$3x+2\leqslant -4 \text{ 或 } 3x+2\geqslant 4,$$
整理得
$$x\leqslant -2 \text{ 或 } x\geqslant \frac{2}{3},$$
所以原不等式的解集是 $\left\{x\mid x\leqslant -2 \text{ 或 } x\geqslant \dfrac{2}{3}\right\}$.

**例 2** 解不等式 $1<|2x+1|\leqslant 3$.

**分析**:本题实际上是两个绝对值不等式的问题,可分别解出后再求出交集.

**解**:原不等式等价于 $\begin{cases} |2x+1|>1, \\ |2x+1|\leqslant 3, \end{cases}$

由 $|2x+1|>1$ 解得：$x<-1$ 或 $x>0$,

由 $|2x+1|\leqslant 3$ 解得：$-2\leqslant x\leqslant 1$,

3.2 不等式的解法

所以原不等式的解集为 $\{x\mid -2\leqslant x<-1\text{ 或 }0<x\leqslant 1\}$.

这个不等式的解集可以在数轴上表示成如图 3-2-3 所示.

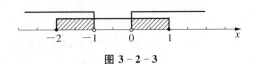

图 3-2-3

$1<|2x+1|\leqslant 3$ 还有其他解法吗？能将其化为不含绝对值符号的不等式吗？

**例 3** 解下列不等式：

(1) $|2x-4|<x-1$；  (2) $|2x-4|>x-1$.

**分析**：把 $2x-4$ 看成一个整体，则所要求解的不等式可化为基本类型的绝对值不等式.

**解**：(1) 由绝对值的意义，对于任何实数 $x$，都有 $|2x-4|\geqslant 0$，又 $|2x-4|<x-1$，所以必有 $x-1>0$，从而 $|2x-4|<x-1$，即有

$$-(x-1)<2x-4<x-1,$$

化简，得 $\begin{cases} x>1, \\ \dfrac{5}{3}<x<3, \end{cases}$

所以原不等式的解集是 $\left\{x\mid \dfrac{5}{3}<x<3\right\}$.

(2) ① 当 $x-1\leqslant 0$ 时，即 $x\leqslant 1$ 时，由 $|2x-4|>0$，可知原不等式显然成立，此时不等式的解为 $x\leqslant 1$.

② 当 $x-1>0$ 时，即 $x>1$ 时，原不等式可化为

$$2x-4<-(x-1)\text{ 或 }2x-4>x-1,$$

解得 $x<\dfrac{5}{3}$ 或 $x>3$，

结合 $x>1$ 知，此时不等式的解为 $x<\dfrac{5}{3}$ 或 $x>3$.

综合①、②知，原不等式的解集为

$$\{x\mid x\leqslant 1\}\cup \left\{x\mid 1<x<\dfrac{5}{3}\text{ 或 }x>3\right\}=\left\{x\mid x<\dfrac{5}{3}\text{ 或 }x>3\right\}.$$

1. 解下列不等式组：

(1) $\begin{cases} 2x+1>3x-6, \\ 3(x+1)<5x-7; \end{cases}$  (2) $\begin{cases} 3x+2>2(x-1), \\ 4x-3\leqslant 2x-2; \end{cases}$

(3) $\begin{cases} \dfrac{-2x-1}{3}<1, \\ \dfrac{3x-1}{2}>x+\dfrac{3}{2}; \end{cases}$  (4) $\begin{cases} \dfrac{x}{2}>\dfrac{x+1}{5}, \\ \dfrac{2x-1}{5}>\dfrac{x+1}{2}. \end{cases}$

2. 解下列不等式：

(1) $|2x+3| \leqslant 1$；　　　　　(2) $|6x-1| > 2$；

(3) $|8-3x| \leqslant 13$；　　　　(4) $\left|4x+\dfrac{1}{6}\right| \geqslant 3$.

3. 解下列不等式：

(1) $1 \leqslant |3x+4| \leqslant 6$；　　(2) $|3x-4| < 2x+1$.

## 3.2.2　一元二次不等式的解法

在3.1节问题(4)中，我们得到不等式 $x^2-7x+6 \geqslant 0$，像这样只含有一个未知数，并且未知数的最高次数是2的不等式叫做**一元二次不等式**.

它的一般形式是

$$ax^2+bx+c > 0 (a \neq 0) \text{ 或 } ax^2+bx+c < 0 (a \neq 0).$$

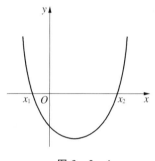

图 3-2-4

现在，我们来研究一元二次不等式的解法.

为此，先探索一元二次不等式和对应的一元二次方程及对应的二次函数之间的内在联系.

观察图 3-2-4，可以看出，一元二次不等式 $ax^2+bx+c < 0$ $(a>0)$ 的解集 $\{x \mid ax^2+bx+c < 0 \ (a>0)\}$ 就是二次函数 $y=ax^2+bx+c$ 的图像（抛物线）上位于 $x$ 轴下方的点 $(x, y)$ 的横坐标 $x$ 的集合.

类似地，$ax^2+bx+c > 0$ $(a>0)$ 的解集 $\{x \mid ax^2+bx+c > 0\ (a>0)\}$ 就是函数 $y=ax^2+bx+c$ 的图像上位于 $x$ 轴上方的点 $(x, y)$ 的横坐标 $x$ 的集合.

因此，求解一元二次不等式可以先解相应的一元二次方程，确定抛物线与 $x$ 轴的交点的横坐标，再根据图像写出一元二次不等式的解集.

现在我们来解不等式 $x^2-7x+6 \geqslant 0$.

第一步　解方程 $x^2-7x+6=0$，得 $x_1=1$，$x_2=6$；

第二步　画出抛物线 $y=x^2-7x+6$ 的草图（如图 3-2-5）；

第三步　根据抛物线的图像，可知 $x^2-7x+6 \geqslant 0$ 的解集为

$$\{x \mid x \leqslant 1 \text{ 或 } x \geqslant 6\}.$$

图 3-2-5

但实际问题告诉我们，$x$ 表示矩形的宽度，因此有 $\begin{cases} x>0, \\ 8-2x>0, \\ 6-2x>0. \end{cases}$

解得 $0 < x < 3$.

从而，$x$ 应满足 $x \in \{x \mid x \leqslant 1 \text{ 或 } x \geqslant 6\} \cap \{x \mid 0 < x < 3\}$
$= \{x \mid 0 < x \leqslant 1\}$.

这就是说，花卉带的宽度应在不超过 1 m 的范围之内.

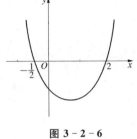

图 3-2-6

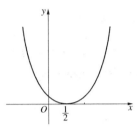

图 3-2-7

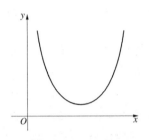

图 3-2-8

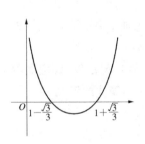

图 3-2-9

**例 1** 解下列不等式：

(1) $2x^2-3x-2>0$；

(2) $4x^2-4x+1>0$；

(3) $-x^2+2x-3>0$；

(4) $-3x^2+6x>2$．

**解**：(1) 因为 $\Delta=(-3)^2-4\times2\times(-2)>0$，方程 $2x^2-3x-2=0$ 的解是 $x_1=-\dfrac{1}{2}$，$x_2=2$．

根据函数 $y=2x^2-3x-2$ 的图像可知，

不等式的解集是 $\left\{x\left|x<-\dfrac{1}{2}\text{ 或 }x>2\right.\right\}$（如图 3-2-6）．

(2) $\Delta=(-4)^2-4\times4\times1=0$，方程 $4x^2-4x+1=0$ 的解是 $x_1=x_2=\dfrac{1}{2}$．根据函数 $y=4x^2-4x+1$ 的图像可知

不等式的解集是 $\left\{x\left|x\ne\dfrac{1}{2}\right.\right\}$（如图 3-2-7）．

(3) 将不等式整理，得 $x^2-2x+3<0$，

因为 $\Delta=(-2)^2-4\times1\times3<0$，方程 $x^2-2x+3=0$ 无实数解，

根据函数 $y=x^2-2x+3$ 的图像可知

不等式的解集是空集 $\varnothing$（如图 3-2-8）．

(4) 将不等式整理，得 $3x^2-6x+2<0$，

因为 $\Delta=(-6)^2-4\times3\times2>0$，方程 $3x^2-6x+2=0$ 的解是

$$x_1=1-\dfrac{\sqrt{3}}{3},\ x_2=1+\dfrac{\sqrt{3}}{3}.$$

根据函数 $y=3x^2-6x+2$ 的图像可知

原不等式的解集是 $\left\{x\left|1-\dfrac{\sqrt{3}}{3}<x<1+\dfrac{\sqrt{3}}{3}\right.\right\}$（如图 3-2-9）．

**例 2** 解不等式 $5x^2-10x+4.8<0$．

**解**：解方程 $5x^2-10x+4.8=0$，得 $x_1=0.8$，$x_2=1.2$；画出抛物线 $y=5x^2-10x+4.8$ 的草图（如图 3-2-10）．根据抛物线的图像，可知 $5x^2-10x+4.8<0$ 的解集为 $\{x\mid0.8<x<1.2\}$．

根据例 2，我们可以回答本章开始的问题(3)，要使杂志社的销售收入大于 22.4 万元，单价应定在 2.8 元与 3.2 元之间．

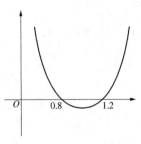

图 3-2-10

一般地，当 $a>0$ 时，我们有表 3-2-1．

表 3-2-1

| 判别式 $\Delta = b^2 - 4ac$ | $\Delta > 0$ | $\Delta = 0$ | $\Delta < 0$ |
| --- | --- | --- | --- |
| $ax^2 + bx + c = 0$ 的根 | 有两个相异的实根 $x_1, x_2 (x_1 < x_2)$ | 有两个相同的实根 $x_1 = x_2 = -\dfrac{b}{2a}$ | 没有实数根 |
| 二次函数 $y = ax^2 + bx + c$ 的图像 | | | |
| $ax^2 + bx + c > 0$ 的解集 | $(-\infty, x_1) \cup (x_2, +\infty)$ | $\left(-\infty, -\dfrac{b}{2a}\right) \cup \left(-\dfrac{b}{2a}, +\infty\right)$ | **R** |
| $ax^2 + bx + c < 0$ 的解集 | $(x_1, x_2)$ | $\varnothing$ | $\varnothing$ |

1. 解下列不等式：

    (1) $(x+2)(x-3) < 0$；　　(2) $x(x-2) < 0$；

    (3) $(x-1)(x+1) \geqslant 0$；　　(4) $(1-x)(1+x) \geqslant 0$.

2. 解不等式：

    (1) $2x^2 - 5x + 3 < 0$；　　(2) $3x^2 - x - 4 > 0$；

    (3) $2x^2 - 4x + 3 \leqslant 0$；　　(4) $9x^2 - 6x + 1 \geqslant 0$.

3. 解下列不等式：

    (1) $x^2 - 3x \leqslant 15$；　　(2) $1 - 4x^2 > 4x + 2$；

    (3) $1 - 3x < x^2$；　　(4) $(x+3)(x-5) > 2x - 1$.

4. $x$ 是什么实数时，函数 $y = -x^2 + 5x + 14$ 的值分别为：

    (1) 零；(2) 正数；(3) 负数.

5. 求下列函数的定义域：

    (1) $y = \lg(x^2 - 3x + 2)$；　　(2) $y = \sqrt{12 + x - x^2}$.

6. 制作一个高为 20 cm 的长方体容器，底面矩形的长比宽多 10 cm，并且容积不小于 4 000 cm³. 试问底面矩形的宽至少应为多少？

7. 已知 $U = \mathbf{R}$，且 $A = \{x \mid x^2 + 3x + 2 < 0\}$，$B = \{x \mid x^2 - 4x + 3 \geqslant 0\}$. 求：

    (1) $A \cap B$；(2) $A \cup B$；(3) $\complement_U (A \cap B)$；(4) $(\complement_U A) \cup (\complement_U B)$.

## *3.2.3 不等式的解法举例

我们已经学习过一元一次不等式、一元二次不等式和简单的绝对值不等式的解法，对一些较复杂的不等式，如何将求解问题转化为上述几类不等式来解呢？

**例1** 解不等式 $|x^2-5x+5|<1$.

**分析**：不等式 $|x|<a\ (a>0)$ 的解集是 $\{x|-a<x<a\}$，因此，这个不等式可化为
$$-1<x^2-5x+5<1.$$
即
$$\begin{cases} x^2-5x+5<1 \\ x^2-5x+5>-1. \end{cases}$$

解这个不等式组，其解集就是原不等式的解集.

**解**：原不等式可化为
$$-1<x^2-5x+5<1,$$
即
$$\begin{cases} x^2-5x+5<1 & (1) \\ x^2-5x+5>-1. & (2) \end{cases}$$

解不等式(1)，得解集 $\{x|1<x<4\}$.

解不等式(2)，得解集 $\{x|x<2\text{ 或 }x>3\}$.

原不等式的解集是不等式(1)和不等式(2)的解集的交集，即
$$\{x|1<x<4\} \cap \{x|x<2\text{ 或 }x>3\} = \{x|1<x<2\text{ 或 }3<x<4\}.$$

**例2** 解不等式 $\dfrac{1}{x+1}>2$.

式中，符号"⇔"表示"等价于".

**解**：$\dfrac{1}{x+1}>2 \Leftrightarrow \dfrac{2\left(x+\frac{1}{2}\right)}{x+1}<0 \Leftrightarrow \dfrac{x+\frac{1}{2}}{x+1}<0$，

根据商的符号法则可知，原不等式又等价于 $\left(x+\dfrac{1}{2}\right)(x+1)<0$.

从而，原不等式的解集为 $\left\{x\middle|-1<x<-\dfrac{1}{2}\right\}$.

**练习**

1. 判断下列说法是否正确：
   (1) 不等式 $\dfrac{x+1}{x+2}<0$ 与不等式 $x^2+3x+2<0$ 的解集相同；
   (2) 不等式 $\dfrac{2-x}{2+x}<0$ 与不等式 $x^2-4>0$ 的解集相同.

2. 解下列不等式：
   (1) $0<x^2-x-2<4$；
   (2) $-2<x^2-5x-6<2x$.

3. 解下列不等式：
   (1) $|4x^2-10x-3|<3$；
   (2) $|5x-x^2|>6$.

4. 解不等式 $\dfrac{1}{x}>x$.

5. 求函数 $y=\sqrt{x^2+x-12}+\sqrt{49-x^2}$ 的定义域.

**知识与实践**

根据所学的知识，设计比较幼儿园小朋友身高或体重的活动方案.

# 3.3 基本不等式及其应用

把一个物体放在天平的一个盘子上,在另一个盘子上放砝码使天平平衡,测得物体质量为 $a$. 如果天平的两臂长略有不同(其他因素不计),那么 $a$ 并非物体的实际质量,不过,我们可作第二次测量:把物体调换到天平的另一个盘上,此时测得物体的质量为 $b$,那么如何合理地表示物体的质量呢?

简单的做法是,把两次测得物体的质量"平均"一下,以

$$A = \frac{a+b}{2}$$

表示物体的质量. 这样的做法合理吗?

设天平的两臂长分别为 $l_1$,$l_2$,物体实际质量为 $M$,根据力学原理有

$$l_1 M = l_2 a, \qquad ①$$
$$l_2 M = l_1 b. \qquad ②$$

①、②相乘再除以 $l_1 l_2$,可以得到

$$M = \sqrt{ab}.$$

由此可知,物体的实际质量是 $\sqrt{ab}$.

$\dfrac{a+b}{2}$ 与 $\sqrt{ab}$ 有怎样的大小关系呢?

**定理** 如果 $a$,$b$ 是正数,那么 $\dfrac{a+b}{2} \geqslant \sqrt{ab}$(当且仅当 $a=b$ 时,取"=").

下面我们来证明这个定理.

**证法 1**:因为 $a$,$b$ 是正数,所以

$$\frac{a+b}{2} - \sqrt{ab} = \frac{1}{2}\left[(\sqrt{a})^2 + (\sqrt{b})^2 - 2\sqrt{ab}\right]$$
$$= \frac{1}{2}(\sqrt{a}-\sqrt{b})^2 \geqslant 0,$$

即 $\dfrac{a+b}{2} \geqslant \sqrt{ab}$.

当且仅当 $\sqrt{a}=\sqrt{b}$，即 $a=b$ 时，取"＝".

**证法 2**：对于正数 $a,b$,

要证 $\dfrac{a+b}{2} \geqslant \sqrt{ab}$,

只要证 $a+b \geqslant 2\sqrt{ab}$,

只要证 $a+b-2\sqrt{ab} \geqslant 0$,

只要证 $(\sqrt{a}-\sqrt{b})^2 \geqslant 0$,

因为最后一个不等式成立，所以 $\dfrac{a+b}{2} \geqslant \sqrt{ab}$,

当且仅当 $a=b$ 时，取"＝".

**证法 3**：对于正数 $a,b$,

$$(\sqrt{a}-\sqrt{b})^2 \geqslant 0,$$

即 $a+b-2\sqrt{ab} \geqslant 0$,

即 $a+b \geqslant 2\sqrt{ab}$,

即 $\dfrac{a+b}{2} \geqslant \sqrt{ab}$.

当且仅当 $a=b$ 时，取"＝".

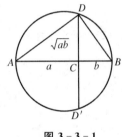

图 3-3-1

设 $a,b$ 为两个正数，我们把 $\dfrac{a+b}{2}$ 叫做 $a,b$ 的**算术平均值**，$\sqrt{ab}$ 叫做 $a$, $b$ 的**几何平均值**，上述定理也称为**平均值不等式**，或称为**基本不等式**.

现给出基本不等式的一种几何解释（如图 3-3-1）.

以 $a+b$ 长的线段为直径作圆，在直径 $AB$ 上取点 $C$，使 $AC=a$, $CB=b$. 过点 $C$ 作垂直于直径 $AB$ 的弦 $DD'$，连接 $AD$, $DB$，易证

$$\mathrm{Rt}\triangle ACD \backsim \mathrm{Rt}\triangle DCB,$$

那么 $CD^2 = CA \cdot CB$,

即 $CD = \sqrt{ab}$.

这个圆的半径为 $\dfrac{a+b}{2}$，显然，它大于或等于 $CD$，即

$$\dfrac{a+b}{2} \geqslant \sqrt{ab},$$

其中当且仅当点 $C$ 与圆心重合时，即当 $a=b$ 时，等号成立.

 **例 1** 设 $a,b$ 为正数，证明下列不等式成立：

(1) $\dfrac{b}{a}+\dfrac{a}{b} \geqslant 2$；  (2) $a+\dfrac{1}{a} \geqslant 2$.

**证明**：(1) 因为 $a,b$ 为正数，所以 $\dfrac{b}{a}$, $\dfrac{a}{b}$ 也为正数，由基本不等式，得

$$\dfrac{b}{a}+\dfrac{a}{b} \geqslant 2\sqrt{\dfrac{b}{a} \cdot \dfrac{a}{b}} = 2,$$

所以,原不等式成立.

(2) 因为 $a, \dfrac{1}{a}$ 均为正数,由基本不等式,得

$$a + \dfrac{1}{a} \geqslant 2\sqrt{a \cdot \dfrac{1}{a}} = 2,$$

所以,原不等式成立.

**例2** 已知 $x, y$ 都是正数,求证:

(1) 如果积 $x \cdot y = P$(定值),那么当 $x = y$ 时,和 $x + y$ 有最小值 $2\sqrt{P}$;

(2) 如果和 $x + y = S$(定值),那么当 $x = y$ 时,积 $x \cdot y$ 有最大值 $\dfrac{1}{4}S^2$.

**证明**:因为 $x, y$ 都是正数,所以 $\dfrac{x+y}{2} \geqslant \sqrt{x \cdot y}$.

(1) 积 $x \cdot y = P$(定值)时,有 $x + y \geqslant 2\sqrt{P}$.

当且仅当 $x = y$ 时,上述不等式中的"="成立,

因此,当 $x = y$ 时,和 $x + y$ 有最小值 $2\sqrt{P}$.

(2) 和 $x + y = S$(定值)时,有 $\sqrt{x \cdot y} \leqslant \dfrac{S}{2}$,即

$$x \cdot y \leqslant \dfrac{1}{4}S^2$$

当且仅当 $x = y$ 时,上述不等式中的"="成立,

因此,当 $x = y$ 时,积 $x \cdot y$ 有最大值 $\dfrac{1}{4}S^2$.

基本不等式在实际问题中有着广泛的应用.

**例3** 把一条长是 $l$ 的铁丝截成两段,各围成一个正方形,怎样截法才能使得这两个正方形的面积之和最小?

**解**:设截成的两段长度分别为 $x, y$,则 $x + y = l$(定值),再设 $S$ 为这两个正方形的面积之和,则

$$S = \left(\dfrac{x}{4}\right)^2 + \left(\dfrac{y}{4}\right)^2 = \dfrac{1}{4}(x^2 + y^2) \geqslant \dfrac{1}{4} \cdot 2 \cdot \left(\dfrac{x+y}{2}\right)^2 = \dfrac{1}{8}l^2,$$

当且仅当 $x = y = \dfrac{l}{2}$ 时取等号,此时 $S_{\min} = \dfrac{1}{8}l^2$.

**答**:把铁丝截成相等的两段,各围成的正方形的面积之和最小.

**例4** 某工厂建造一个无盖的长方体贮水池,其容积为 $4\,800\,\text{m}^3$,深度为 $3\,\text{m}$。如果池底每平方米的造价为 $150$ 元,池壁每平方米的造价为 $120$ 元,怎样设计水池能使总造价最低?最低总造价为多少元?

**解**:设总造价为 $y$ 元,池底的一边长为 $x\,\text{m}$,则另一边长为 $\dfrac{4\,800}{3x}\,\text{m}$,即 $\dfrac{1\,600}{x}\,\text{m}$.

$$y = 150(x \cdot \frac{1\,600}{x}) + 2 \times 120 \times 3 \times (x + \frac{1\,600}{x})$$
$$= 150 \times 1\,600 + 720 \times (x + \frac{1\,600}{x}),$$

因为 $x + \frac{1\,600}{x} \geq 2\sqrt{1\,600} = 80$(当 $x = 40$ 时,"="成立),

所以 $y \geq 150 \times 1\,600 + 720 \times 80 = 297\,600$(元).

答:当水池设计成底面边长为 40m 的正方形时,总造价最低,为 297 600元.

**练习**

1. 求证:$\left(\frac{a+b}{2}\right)^2 \leq \frac{a^2+b^2}{2}$.

2. 已知 $a,b$ 都是正数,且 $a \neq b$,求证:$\frac{2ab}{a+b} < \sqrt{ab}$.

3. 已知 $x,y$ 都是正数,求证:

   (1) $x + \frac{1}{x} \geq 2$;

   (2) $\frac{y}{x} + \frac{x}{y} \geq 2$.

4. 已知 $x \neq 0$,当 $x$ 取什么值时,$x^2 + \frac{81}{x^2}$ 的值最小?最小值是多少?

5. 已知 $x > 0$,求 $2 - 3x - \frac{4}{x}$ 的最大值.

6. 用一段长为 $L$ m 的篱笆围成一个一边靠墙的矩形菜园,问这个矩形的长、宽各为多少时,菜园的面积最大,最大值是多少?

7. 某工厂建一座平面图为矩形且面积为 200 m² 的三级污水处理池(如图3-3-2),如果池外圈周壁建造单价为每米 400 元,中间两条隔墙建造单价为每米 248 元,池底建造单价为每平方米 80 元,池壁的厚度忽略不计.试设计污水池的长和宽使总造价最低,并求出最低造价.

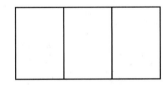

图 3-3-2

**知识与实践**

若 $a,b$ 是正数,利用所学的知识探讨正数 $\frac{a+b}{2}$,$\sqrt{ab}$,$\frac{2}{\frac{1}{a}+\frac{1}{b}}$ 的大小.

# 3.4 习 题 课

**练习引导**

1. 通过绝对值的几何意义,掌握绝对值不等式的解法.
2. 掌握一元二次不等式的解法,理解一元二次不等式、一元二次方程、二次函数之间的内在联系.
3. 会用基本不等式解决一些简单的实际问题,利用基本不等式在求最大、最小值时,充分注意限制条件.
4. 感受重要的数学思想(转化思想、数形结合的思想、分类思想等)在解决本章例、习题中的指导作用.
5. 感受重要的数学方法(换元法、化归法等)在解决本章例、习题时的作用.体会将实际问题化归为数学模型,研究数学模型使实际问题获解.

## 一、基础训练

1. 设 $0 < a < b$,求下列不等式组的解集,并在数轴上把它表示出来:

   (1) $\begin{cases} x-a<0, \\ x-b<0; \end{cases}$　　(2) $\begin{cases} x-a>0, \\ x-b>0; \end{cases}$

   (3) $\begin{cases} x-a>0, \\ x-b<0; \end{cases}$　　(4) $\begin{cases} x-a<0, \\ x-b>0. \end{cases}$

2. 求下列不等式的解集,并在数轴上把它表示出来:

   (1) $|2x+3| \geqslant 5$;　　(2) $|5-3x| < 2$.

3. 解下列不等式:

   (1) $x^2+2x-24 \leqslant 0$;　　(2) $x^2-4x+5 < 0$;

   (3) $2x^2-x-6 > 0$;　　(4) $4x^2+4x+1 > 0$.

4. 求下列函数的定义域:

   (1) $y = \log_2(x^2-x-2)$;　　(2) $y = \sqrt{\dfrac{x-4}{x+4}}$.

## 二、典型例题

**例 1**　解不等式 $|2x^2-3| \leqslant 2$.

**解**：$|2x^2-3| \leqslant 2$,即 $-2 \leqslant 2x^2-3 \leqslant 2$,有 $\dfrac{1}{2} \leqslant x^2 \leqslant \dfrac{5}{2}$.解得 $\dfrac{\sqrt{2}}{2} \leqslant |x| \leqslant \dfrac{\sqrt{10}}{2}$,即 $-\dfrac{\sqrt{10}}{2} \leqslant x \leqslant -\dfrac{\sqrt{2}}{2}$ 或 $\dfrac{\sqrt{2}}{2} \leqslant x \leqslant \dfrac{\sqrt{10}}{2}$,

所以,不等式的解集为

$$\left\{ x \,\middle|\, -\dfrac{\sqrt{10}}{2} \leqslant x \leqslant -\dfrac{\sqrt{2}}{2} \text{ 或 } \dfrac{\sqrt{2}}{2} \leqslant x \leqslant \dfrac{\sqrt{10}}{2} \right\}.$$

**例 2** 一商人在经营某种商品活动中,该商品的进货单价为每件 8 元.如果每件 10 元出售,每天可销售 100 件,现在他采用提高出售价,减少进货量的办法来增加利润.已知这种商品每件涨价 1 元,其销售量减少 10 件.试问每件商品涨价的范围是多少,才能使每天的利润不低于 320 元?

解:分析:利润=销售总价-进货总价.

设每件提价为 $x$ 元($x \geqslant 0$),则每天的销售额为 $(10+x)(100-10x)$ 元,进货总价为 $8(100-10x)$ 元,每天的总利润为 $[(10+x)(100-10x)-8(100-10x)]$ 元.

依题意 $[(10+x)(100-10x)-8(100-10x)] \geqslant 320$,

化简,得
$$-x^2+8x-12 \geqslant 0. \qquad ①$$

将①的两边同乘以 $-1$,得
$$x^2-8x+12 \leqslant 0. \qquad ②$$

解不等式②,得 $2 \leqslant x \leqslant 6$.

所以,不等式②的解集是 $\{x \mid 2 \leqslant x \leqslant 6\}$.

即每件商品涨价的范围是大于等于 2 元且小于等于 6 元.

**例 3** 求函数 $y = x + \dfrac{1}{x}$ ($x \in \mathbf{R}$ 且 $x \neq 0$) 的值域.

解:因为 $x \in \mathbf{R}$ 且 $x \neq 0$,所以只有 $x < 0$ 或 $x > 0$.

当 $x < 0$ 时,$-x > 0$,所以 $y = x + \dfrac{1}{x} = -\left[(-x)+\dfrac{1}{(-x)}\right] \leqslant -2\sqrt{(-x)\cdot \dfrac{1}{(-x)}} = -2$,当且仅当 $(-x) = \dfrac{1}{(-x)}$ 时,即 $x = -1$ 时,$y = -2$;

当 $x > 0$ 时,$y = x + \dfrac{1}{x} \geqslant 2\sqrt{x \cdot \dfrac{1}{x}} = 2$,当且仅当 $x = \dfrac{1}{x}$ 时,即 $x = 1$ 时,$y = 2$. 所以,函数的值域为 $\{y \mid y \leqslant -2 \text{ 或 } y \geqslant 2\}$.

### 三、巩固提高

1. 某商品进货单价为 60 元,若按 80 元一个销售,能卖出 50 个.若销售单价每涨价 2 元销售量就减少一个,为获得最大利润,该商品的最佳售价为多少元?

2. 某种植物适宜生长在温度为 18℃~20℃ 的山区.已知山区海拔每升高 100 m,气温下降 0.55℃.现测得山脚下的平均气温为 22℃,将该植物种在山区多高处为宜?

3. 解下列不等式:
   (1) $|x-3| < 5$;
   (2) $\left|\dfrac{1}{x-1}\right| < 5$.

4. 解下列不等式:

(1) $1 < |x-3| < 5$;

(2) $|x^2 - 3x - 4| < 6$.

5. $k$ 为何值时,函数 $y = kx^2 - (k-8)x + 1$ 的值总大于零？

6. 求函数 $y = x + \dfrac{16}{x+2}$, $x \in (-2, +\infty)$ 的最小值.

# 小　结

## 一、知识结构

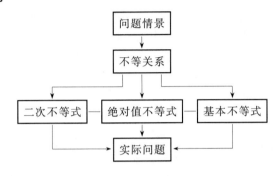

## 二、回顾与思考

1. 不等关系是刻画客观事物的基本数量关系之一,你能结合生活中实例找出不等关系吗？

2. 根据绝对值不等式、一元二次不等式的解法,你能总结出在解不等式的过程中,主要运用了怎样的数学思想和方法？

3. 不等式是研究不等关系的数学工具,你能否利用不等式解决简单的实际问题？以后我们还会遇到大量的不等式问题,相信你一定会数学地思考身边实际问题！

## 三、复习题

(一)选择题

1. 不等式$|x-2|>-1$的解集是(　　).

　　A. $\varnothing$　　　　　　　　　　B. $\{x\mid x<1\text{ 或 }x>3\}$
　　C. $\{x\mid 1<x<3\}$　　　　　D. $\mathbf{R}$

2. 以下变形正确的是(　　).

　　A. $|5-3x|<7 \Rightarrow |3x-5|>7$
　　B. $\left|\dfrac{1}{2}x+3\right|>5 \Rightarrow |x+3|>10$
　　C. $3<|x-1|\leqslant 4 \Rightarrow -4\leqslant x-1<-3\text{ 或 }3<x-1\leqslant 4$
　　D. $(x+2)^2>3 \Rightarrow |x+2|>3$

3. 若$0<a<1$,则不等式$(x-a)\cdot\left(x-\dfrac{1}{a}\right)<0$的解集是(　　).

　　A. $\left\{x\,\middle|\,a<x<\dfrac{1}{a}\right\}$　　　　B. $\left\{x\,\middle|\,x>\dfrac{1}{a}\text{ 或 }x<a\right\}$
　　C. $\left\{x\,\middle|\,\dfrac{1}{a}<x<a\right\}$　　　　D. $\left\{x\,\middle|\,x<\dfrac{1}{a}\text{ 或 }x>a\right\}$

4. 不等式 $\dfrac{1-x}{4x-3} \leqslant 0$ 的解集是(　　).

  A. $\left\{x \,\middle|\, x \leqslant \dfrac{3}{4} \text{ 或 } x \geqslant 1\right\}$    B. $\left\{x \,\middle|\, \dfrac{3}{4} \leqslant x \leqslant 1\right\}$

  C. $\left\{x \,\middle|\, x < \dfrac{3}{4} \text{ 或 } x \geqslant 1\right\}$    D. $\left\{x \,\middle|\, \dfrac{3}{4} < x \leqslant 1\right\}$

5. 设 $x > y > 0$，则下列各式中正确的是(　　).

  A. $x > \dfrac{x+y}{2} > \sqrt{xy} > y$    B. $y > \dfrac{x+y}{2} > \sqrt{xy} > x$

  C. $x > \dfrac{x+y}{2} > y > \sqrt{xy}$    D. $y > \dfrac{x+y}{2} \geqslant \sqrt{xy} > x$

(二) 填空题

1. $a \in \mathbf{R}_+$，$2a + \dfrac{1}{a} \geqslant 2\sqrt{2}$，当且仅当 _____ 时取等号.

2. $\dfrac{b}{a} + \dfrac{a}{b} \geqslant 2$ 成立的条件是 _____.

(三) 解答题

1. 解下列不等式：

  (1) $|-x+4| > 6$；    (2) $\dfrac{1}{|2x+1|} > 1$；

  (3) $(2x+1)(4x-3) < 0$；  (4) $2x + 3 - x^2 > 0$.

2. 解下列不等式：

  (1) $2 < |2x-5| < 7$；   (2) $|x^2 - 3x| > 4$.

3. 已知 $x, y \in \mathbf{R}_+$，且 $xy = 2$，求 $2x + y$ 的最小值.

4. 若 $\lg x + \lg y = 2$，求 $\dfrac{1}{x} + \dfrac{1}{y}$ 的最小值.

5. 设 $x > 0$，求 $y = 3 - 3x - \dfrac{1}{x}$ 的最大值.

# 第四章 数列

4.1　数列的概念
4.2　等差数列
4.3　等比数列
4.4　习题课
小结

人类最先知道的数就是自然数.从幼儿认识自然数的有序性到大千世界的自然规律,从细胞分裂到放射性物质的衰变,从古代文明的"形数"到现代数学的"分形"……数列在我们的生活中无处不在.在本章,我们将学习数列的一些基础知识,并用它们解决一些简单的实际问题.

# 4.1 数列的概念

**问题**

我们看下面的例子:

传说古希腊毕达哥拉斯(Pythagoras,约公元前570~约公元前500年)学派的数学家经常在沙滩上研究数学问题.他们在沙滩上画点或用小石子摆成一定的形状来表示数,这种数后被人们称为"形数".比如,他们研究过图 4-1-1 所示的形,相应地,得到一列数

$$1,4,9,16,\cdots. \qquad ①$$

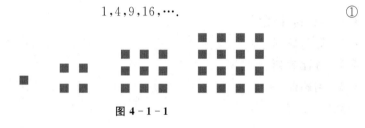

图 4-1-1

某班学生的学号由小到大排成一列数:

$$1,2,3,4,\cdots,50. \qquad ②$$

从 1984 年到 2004 年,我国体育健儿参加了六次奥运会,获得的金牌数排成一列数:

$$16,16,28,32,51,38. \qquad ③$$

某放射性物质不断变为其他物质,每经过 1 年,剩留的这种物质是原来的 84%.设这种物质最初的质量是 1,则这种物质各年开始时的剩留量排成一列数:

$$1,0.84,0.84^2,0.84^3,\cdots. \qquad ④$$

这些问题有什么共同的特点?

像上面问题中,按照一定次序排列着的一列数称为**数列**(sequence of number),数列中的每一个数都叫做这个数列的项,各项依次叫做这个数列的第一项(或首项),第 2 项,第 3 项……第 $n$ 项……

数列的一般形式可以写成

$$a_1, a_2, a_3, \cdots, a_n, \cdots.$$

简记为 $\{a_n\}$.

项数有限的数列叫做**有穷数列**,项数无限的数列叫做**无穷数列**.

在数列$\{a_n\}$中,序号和项之间存在着一种对应关系.例如,数列①的序号和项之间存在着下面的对应关系为:

$$\begin{array}{cccccc} 序号 & 1 & 2 & 3 & 4 & \cdots \\ & \downarrow & \downarrow & \downarrow & \downarrow & \\ 项 & 1 & 4 & 9 & 16 & \cdots \end{array}$$

从函数的观点看,数列可以看成以正整数集$\mathbf{N}^*$(或它的有限子集$\{1,2,3,\cdots,n\}$)为定义域的函数$a_n=f(n)$当自变量$n$按照从小到大的顺序依次取值时,所对应的一列函数值.

如果数列$\{a_n\}$的第$n$项$a_n$与$n$之间的关系可以用一个公式来表示,那么这个公式叫做这个数列的**通项公式**.

例如,数列①的通项公式是$a_n=n^2$,数列②的通项公式是$a_n=n$ ($n\leqslant 50$),数列④的通项公式是$a_n=0.84^{n-1}$.

**例 1** 根据下面数列$\{a_n\}$的通项公式,写出它的前 5 项:

(1) $a_n=\dfrac{n}{n+1}$;     (2) $a_n=(-1)^n\cdot n$.

**解**:(1) 在通项公式中依次取$n=1,2,3,4,5$,得到数列$\{a_n\}$的前 5 项为

$$\dfrac{1}{2},\dfrac{2}{3},\dfrac{3}{4},\dfrac{4}{5},\dfrac{5}{6};$$

(2) 在通项公式中依次取$n=1,2,3,4,5$,得到数列$\{a_n\}$的前 5 项为

$$-1,2,-3,4,-5.$$

与函数一样,数列也可以用图像、列表等方法来表示.数列的图像是一系列孤立的点.例如,全体正偶数按从小到大的顺序构成数列:

$$2,4,6,\cdots,2n,\cdots.$$

这个数列还可以用表 4-1-1 和图 4-1-2 分别表示.

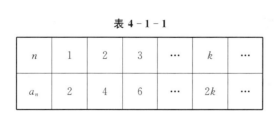

表 4-1-1

| $n$ | 1 | 2 | 3 | $\cdots$ | $k$ | $\cdots$ |
|---|---|---|---|---|---|---|
| $a_n$ | 2 | 4 | 6 | $\cdots$ | $2k$ | $\cdots$ |

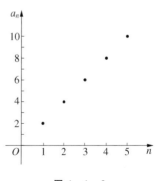

图 4-1-2

**例 2** 如图 4-1-3 中的三角形称为希尔宾斯基(Sierpinski)三角形.在下图 4 个三角形中,着色三角形的个数依次构成一个数列$\{a_n\}$的前 4 项,试写出这个数列的前 4 项.并用列表和图像表示.

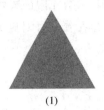 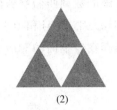 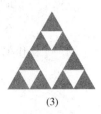 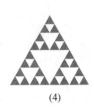

(1)　　　　　(2)　　　　　(3)　　　　　(4)

图 4-1-3

**解：**在这 4 个三角形中着色三角形的个数依次为 1,3,9,27．即数列 $\{a_n\}$ 的 4 项分别为 $a_1=1, a_2=3, a_3=9, a_4=27$．它们可用表 4-1-2 和图 4-1-4 分别表示如下．

表 4-1-2

| $n$ | 1 | 2 | 3 | 4 |
|---|---|---|---|---|
| $a_n$ | 1 | 3 | 9 | 27 |

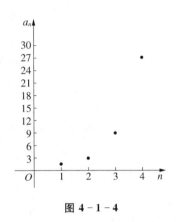

图 4-1-4

**练习**

**一、选择题**

1. 下列说法中，正确的是（　　）．

   A. 数列 $1,2,3,4,5$ 与数列 $5,4,3,2,1$ 是相同的数列

   B. 数列 $\frac{1}{2}, \frac{1}{3}, \frac{1}{4}, \frac{1}{5}\cdots$ 的第 $n$ 项是 $\frac{1}{n}$

   C. 数列 $0,2,4,6,8\cdots$ 可记为 $\{2n\}$

   D. 数列 $\left\{\frac{n+1}{n}\right\}$ 的第 $k$ 项为 $1+\frac{1}{k}$

2. 数列 $2,4,6,8,\cdots$ 的一个通项公式是（　　）．

   A. $a_n=2^n$　　　　　　　B. $a_n=2+n$

   C. $a_n=2n$　　　　　　　D. $a_n=n^2$

**二、填空题**

1. 数列 $\frac{1}{5}, \frac{1}{10}, \frac{1}{15}, \frac{1}{20}\cdots$ 的第 5 项是_____．

2. 数列 $\{2^n+1\}$ 的第 3 项等于_____．

3. 已知数列的通项公式 $a_n=5\times(-1)^{n+1}$，则它的前 5 项分别是_____．

4. 根据数列的通项公式填表：

表 4-1-3

| $n$ | 1 | 2 | $\cdots$ | 5 | $\cdots$ |  | $\cdots$ | $n$ |
|---|---|---|---|---|---|---|---|---|
| $a_n$ |  |  | $\cdots$ |  | $\cdots$ | 380 | $\cdots$ | $n(n+1)$ |

5. 观察下面数列的规律,用适当的数填空:

(1) 2,4,(　　),16,32,(　　),128;

(2) (　　),4,9,16,25,(　　),49;

(3) $-1,\dfrac{1}{2},($　　$),\dfrac{1}{4},-\dfrac{1}{5},\dfrac{1}{6},($　　$)$;

(4) $1,\sqrt{2},($　　$),2,\sqrt{5},($　　$),\sqrt{7}$.

6. 写出下面数列 $\{a_n\}$ 的前 5 项:

(1) $a_1=\dfrac{1}{2},a_n=4a_{n-1}+1\ (n\geqslant 2)$;

(2) $a_1=-\dfrac{1}{4},a_n=1-\dfrac{1}{a_{n-1}}\ (n\geqslant 2)$.

### 三、解答题

1. 已知数列 $\{a_n\}$ 第一项是 1,第二项是 2,以后各项由 $a_n=a_{n-1}+a_{n-2}$ $(n\geqslant 3)$ 给出,写出这个数列的前 5 项,并求前 5 项的和.

2. 已知数列 $\{a_n\}$ 的通项公式是 $a_n=-n^2+4n\ (n\in \mathbf{N}_+)$,写出这个数列的前 3 项,并判断这个数列的所有项中有没有最大的项.

4.1 数列的概念

## 4.2 等差数列

### 4.2.1 等差数列及其通项公式

我们经常这样数数,从 0 开始,每隔 5,数一次,可以得到数列:
$$0, 5, 10, 15, 20, \cdots.\qquad ①$$

全国统一鞋号中,女式鞋的各种尺码(表示鞋底长,单位 cm)从小到大依次是
$$21, 21\frac{1}{2}, 22, 22\frac{1}{2}, 23, 23\frac{1}{2}, 24, 24\frac{1}{2}, 25.\qquad ②$$

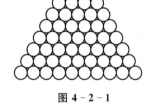

图 4-2-1

图 4-2-1 所示为堆放的钢管,共堆放了 7 层,自上而下各层的钢管数是
$$4, 5, 6, 7, 8, 9, 10.\qquad ③$$

我国现行储蓄制度规定银行支付存款利息的方式为单利,即不把利息加入本金计算下一期的利息. 按照单利计算本利和的公式是:

本利和=本金×(1+利率×存期).

例如,按活期存入 1 000 元钱,年利率是 0.72%,那么按照单利,5 年内各年末的本利和分别如表 4-2-1 所示.

❶ 假设 5 年既不加进存款也不取款,且不扣除利息税.

表 4-2-1

| 时 间 | 年初本金(元) | 年末本利和❶(元) |
| --- | --- | --- |
| 第 1 年 | 1 000 | 1 072 |
| 第 2 年 | 1 000 | 1 144 |
| 第 3 年 | 1 000 | 1 216 |
| 第 4 年 | 1 000 | 1 288 |
| 第 5 年 | 1 000 | 1 360 |

各年末的本利和组成了数列:
$$1\,072, 1\,144, 1\,216, 1\,288, 1\,360.\qquad ④$$

上面的数列①、②、③、④有什么共同特点?

我们看到:

对于数列①,从第 2 项起,每一项与前一项的差都等于 5;

对于数列②,从第 2 项起,每一项与前一项的差都等于 $\frac{1}{2}$;

对于数列③,从第 2 项起,每一项与前一项的差都等于 1;

对于数列④,从第 2 项起,每一项与前一项的差都等于 72.

也就是说,这些数列有一个共同特点:从第 2 项起,每一项与前一项的差都等于同一常数.

一般地,如果一个数列从第 2 项起,每一项与它的前一项的差都等于同一个常数 $d$,即

$$a_n - a_{n-1} = d \ (n = 2, 3, 4, \cdots),$$

那么这个数列就叫做**等差数列**(arithmetic sequence)❶,这个常数 $d$ 叫做等差数列的**公差**(common difference).

上面 4 个数列都是等差数列,它们的公差依次是 5,$\frac{1}{2}$,1,72.

❶ 一些教科书把等差数列的英文缩写记作 AP.(Arithmetic Progression).

  **例 1** 判断下列数列是否为等差数列:

(1) 1,1,1,1,1;

(2) 4,7,10,13,16;

(3) $-3,-2,-1,1,2,3$;

(4) 1,0,1,0,1,0.

**解**:(1) 所给数列是首项为 1,公差为 0 的等差数列;

(2) 所给数列是首项为 4,公差为 3 的等差数列;

(3) 因为第 2 项与第 1 项的差是 1,第 4 项与第 3 项的差是 2,所以这个数列不是等差数列;

(4) 因为第 2 项与第 1 项的差是 $-1$,第 3 项与第 2 项的差是 1,所以这个数列不是等差数列.

  **例 2** 求出下列等差数列中的未知项:

(1) 3,$a$,5;

(2) 3,$b$,$c$,$-9$.

**解**:(1) 根据题意,得

$$a - 3 = 5 - a,$$

解得

$$a = 4.$$

(2) 根据题意,得

$$\begin{cases} b - 3 = c - b, \\ c - b = -9 - c, \end{cases}$$

4.2 等差数列

解得
$$\begin{cases} b = -1, \\ c = -5. \end{cases}$$

如果等差数列$\{a_n\}$的首项是$a_1$,公差是$d$,我们根据等差数列的定义可以得到
$$a_2 - a_1 = d, a_3 - a_2 = d, a_4 - a_3 = d, \cdots.$$
所以
$$a_2 = a_1 + d,$$
$$a_3 = a_2 + d = (a_1 + d) + d = a_1 + 2d,$$
$$a_4 = a_3 + d = (a_1 + 2d) + d = a_1 + 3d,$$
$$\cdots\cdots$$

因此,首项为$a_1$,公差为$d$的等差数列的通项公式是:
$$a_n = a_1 + (n-1)d.$$

数列①、②、③、④的通项公式是什么?

 (1) 求等差数列 $8, 5, 2, \cdots$ 的第 $20$ 项.

(2) $-401$ 是不是等差数列 $-5, -9, -13, \cdots$ 的项?如果是,是第几项?

**解:** (1) 由 $a_1 = 8, d = 5 - 8 = -3, n = 20$, 得
$$a_{20} = a_1 + (20-1)d = 8 + (20-1) \times (-3) = -49.$$

(2) 由 $a_1 = -5, d = -9 - (-5) = -4$, 得这个数列的通项公式为
$$a_n = a_1 + (n-1)d = -5 - 4(n-1) = -4n - 1.$$

由题意知,本题是要回答是否存在正整数 $n$, 使得
$$-401 = -4n - 1$$
成立.解这个关于 $n$ 的方程,得 $n = 100$, 即 $-401$ 是这个数列的第 $100$ 项.

 梯子的最高一级宽 $33$ cm,最低一级宽 $110$ cm,中间还有 $10$ 级,各级的宽度成等差数列.计算中间各级的宽度.

**解:** 用 $\{a_n\}$ 表示梯子自上而下各级宽度所成的等差数列,由已知条件,有
$$a_1 = 33, a_{12} = 110, n = 12.$$

由通项公式,得

$$a_{12} = a_1 + (12-1)d,$$

即
$$110 = 33 + 11d.$$

解得
$$d = 7.$$

因此，$a_2 = 33 + 7 = 40$，$a_3 = 40 + 7 = 47$，$a_4 = 54$，$a_5 = 61$，$a_6 = 68$，$a_7 = 75$，$a_8 = 82$，$a_9 = 89$，$a_{10} = 96$，$a_{11} = 103$.

答：梯子中间各级的宽度从上到下依次是 40 cm，47 cm，54 cm，61 cm，68 cm，75 cm，82 cm，89 cm，96 cm，103 cm.

1. 判断下列数列是否为等差数列：

    (1) $-1$，$-1$，$-1$，$-1$，$-1$；　　　(2) $1$，$\dfrac{1}{2}$，$\dfrac{1}{3}$，$\dfrac{1}{4}$；

    (3) $2, 3, 2, 3, 2, 3$；　　　(4) $0.1, 0.2, 0.3, 0.4, 0.5$；

    (5) $2, 4, 8, 12, 16$；　　　(6) $7, 12, 17, 22, 27$.

2. 已知下列数列是等差数列，试在括号内填上适当的数：

    (1)（　　），5，10；　　　(2) 1，$\sqrt{2}$，（　　）；

    (3) 31，（　　），（　　），10.

3. 如果 $a$，$A$，$b$ 这 3 个数成等差数列，那么 $A = \dfrac{a+b}{2}$. 我们把 $\dfrac{a+b}{2}$ 叫做 $a$ 和 $b$ 的等差中项. 试求下列各组数的等差中项：

    (1) 100 与 180；　　　(2) $-2$ 与 6.

4. 在等差数列 $\{a_n\}$ 中，

    (1) 已知 $a_1 = 2$，$d = 3$，$n = 10$，求 $a_n$；

    (2) 已知 $a_1 = 3$，$a_n = 21$，$d = 2$，求 $n$；

    (3) 已知 $a_1 = 12$，$a_6 = 27$，求 $d$；

    (4) 已知 $d = -\dfrac{1}{3}$，$a_7 = 8$，求 $a_1$.

5. (1) 求等差数列 $3, 7, 11, \cdots$ 的第 4 项与第 10 项.

    (2) 求等差数列 $10, 8, 6, \cdots$ 的第 20 项.

    (3) 100 是不是等差数列 $2, 9, 16, \cdots$ 的项？如果是，是第几项？

6. 一幢高层住宅楼共有 18 层，每层楼高 2.8 m，请问从低到高每层楼地板的高度构成的数列是否是等差数列？如果是，它的首项和公差各是多少？

7. 裕彤体育场一角的看台的座位是这样排列的：第一排有 15 个座位，从第二排起每一排都比前一排多 2 个座位，你能写出第 $n$ 排的座位数 $a_n$ 吗？第 10 排能坐多少人？

8. 已知 $\{a_n\}$ 是等差数列：

    (1) $2a_5 = a_3 + a_7$ 是否成立？$2a_5 = a_1 + a_9$ 呢？为什么？

    (2) $2a_n = a_{n-1} + a_{n+1}(n>1)$ 是否成立？据此你能得出什么结论？$2a_n = a_{n-k} + a_{n+k}(n>k>0)$ 是否成立？你又能得出什么结论？

4.2　等差数列

## 4.2.2 等差数列的前 $n$ 项和

200 多年前,高斯的算术老师提出了下面的问题:

$$1+2+3+\cdots+100=?$$

据说,当时只有 10 岁的高斯用下面的方法迅速算出了正确答案:

$$(1+100)+(2+99)+\cdots+(50+51)=101\times 50=5\,050.$$

高斯的算法实际上解决了等差数列 $1,2,3,\cdots,n,\cdots$ 前 100 项的和的问题. 人们从这个算法中受到启发,用下面的方法计算 $1,2,3,\cdots,n,\cdots$ 的前 $n$ 项和:

由

$$
\begin{array}{ccccccccc}
1 & + & 2 & + & \cdots & + & n-1 & + & n \\
n & + & n-1 & + & \cdots & + & 2 & + & 1 \\
\hline
(n+1) & + & (n+1) & + & \cdots & + & (n+1) & + & (n+1)
\end{array}
$$

可知

$$1+2+3+\cdots+n=\frac{(n+1)\times n}{2}.$$

高斯的算法妙处在哪里?这种方法能够推广到求一般等差数列的前 $n$ 项和吗?

高斯(Carl Friedrich Gauss,1777~1855),德国著名数学家. 他研究的内容几乎涉及数学的各个领域,是历史上最伟大的数学家之一,被称为"数学王子".

图 4-2-2

一般地,我们称

$$a_1+a_2+a_3+\cdots+a_n$$

为数列 $\{a_n\}$ 的前 $n$ 项和,用 $S_n$ 表示,即

$$S_n=a_1+a_2+a_3+\cdots+a_n.$$

设等差数列的首项为 $a_1$,公差为 $d$,则

$$S_n=a_1+(a_1+d)+(a_1+2d)+\cdots+[a_1+(n-1)d], \qquad ①$$

$$S_n=a_n+(a_n-d)+(a_n-2d)+\cdots+[a_n-(n-1)d]. \qquad ②$$

由①+②,得

$$2S_n=\overbrace{(a_1+a_n)+(a_1+a_n)+\cdots+(a_1+a_n)}^{n个}$$

$$=n(a_1+a_n).$$

由此得到等差数列 $\{a_n\}$ 的前 $n$ 项和的公式:

$$S_n = \frac{n(a_1 + a_n)}{2}.$$

如果将等差数列的通项公式 $a_n = a_1 + (n-1)d$ 代入上面的公式,那么 $S_n$ 还可以表示为

$$S_n = na_1 + \frac{n(n-1)}{2}d.$$

 **例 1** 如图 4-2-3,一个堆放铅笔的 V 形架的最下面一层放 1 支铅笔,往上每一层都比它下面一层多放 1 支,最上面一层放 120 支.这个 V 形架上共放着多少支铅笔?

**解**:由题意可知,这个 V 形架上共放着 120 层铅笔,且自下而上各层的铅笔数成等差数列,记为 $\{a_n\}$,其中 $a_1 = 1$,$a_{120} = 120$. 根据等差数列前 $n$ 项和公式,得

$$S_{120} = \frac{120 \times (1 + 120)}{2} = 7\,260.$$

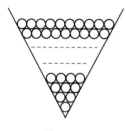

图 4-2-3

答:V 形架上共放着 7 260 支铅笔.

**例 2** 等差数列 $-10$,$-6$,$-2$,$2$,… 前多少项的和是 54?

**解**:设题中的等差数列为 $\{a_n\}$,前 $n$ 项和是 $S_n$,则

$$a_1 = -10,\ d = -6 - (-10) = 4.$$

设 $S_n = 54$,根据等差数列前 $n$ 项和公式,得

$$-10n + \frac{n(n-1)}{2} \times 4 = 54.$$

整理,得

$$n^2 - 6n - 27 = 0.$$

解得

$$n_1 = 9,\ n_2 = -3\ (舍去).$$

因此等差数列 $-10$,$-6$,$-2$,$2$,… 前 9 项的和是 54.

例 2 中 $S_n$ 有没有最大值?有没有最小值?

1. 根据下列各题中的条件,求相应的等差数列 $\{a_n\}$ 的前 $n$ 项和 $S_n$:
   (1) $a_1 = 5$,$a_n = 95$,$n = 10$;
   (2) $a_1 = 100$,$d = -2$,$n = 50$;
   (3) $a_1 = 14.5$,$d = 0.7$,$a_n = 32$.

2. 等差数列 5,4,3,2,… 前多少项的和是 $-30$?

3. 求等差数列 13,15,17,…,81 的各项的和.

4.2 等差数列

4. 一个剧场设置了 20 排座位,第一排有 38 个座位,往后每一排都比前一排多两个座位.这个剧场一共设置了多少个座位?

5. 一个多边形的周长等于 158 cm,所有各边的长成等差数列,最大的边长等于 44 cm,公差等于 3 cm,求多边形的边数.

6. 一个等差数列 $\{a_n\}$ 的第 6 项是 5,第 3 项与第 8 项的和也是 5,求这个等差数列前 9 项的和.

7. 已知等差数列 $\{a_n\}$ 的通项公式是 $a_n = 3n - 2$,求它的前 20 项的和.

# 4.3 等 比 数 列

## 4.3.1 等比数列及其通项公式

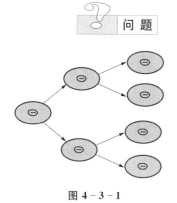

图 4-3-1

如图 4-3-1 是某种细胞分裂的模型,细胞分裂的个数可以组成一个数列:

$$1,2,4,8,\cdots.\qquad ①$$

我国古代一些学者提出:"一尺之棰,日取其半,万世不竭."用现代语言描述就是:一尺长的木棒,每日取其一半,永远也取不完.这样,每日剩下部分都是前一日的一半,如果把"一尺之棰"看成单位"1",每日的剩余量构成的数列是:

$$1,\frac{1}{2},\frac{1}{4},\frac{1}{8},\frac{1}{16},\cdots.\qquad ②$$

除了单利,银行还有一种支付利息的方式——复利,即把前一期的利息和本金加在一起算作本金,再计算下一期的利息,也就是通常说的"利滚利",按照复利计算本金和的公式是

$$本利和=本金\times(1+利率)^{存期}.$$

例如,现在存入银行 10 000 元钱,年利率是 1.98%,那么按照复利,5 年内各年末的本利和构成了一个数列:

$$10\ 000\times1.019\ 8,\ 10\ 000\times1.019\ 8^2,\ 10\ 000\times1.019\ 8^3,$$
$$10\ 000\times1.019\ 8^4,\cdots\qquad ③$$

上面的数列①、②、③有什么共同的特点?

一般地,如果一个数列从第 2 项起,每一项与它前一项的比等于同一个常数 $q$,即

$$\frac{a_n}{a_{n-1}}=q\ (n=2,3,4,\cdots),$$

那么这个数列叫做**等比数列**(geometric sequence),这个常数 $q$ 叫做等比数列的**公比**(common ratio),显然 $q\neq 0$.

上面的 3 个数列都是等比数列,它们的公比依次是 $2, \dfrac{1}{2}, 1.0198$.

**例 1** 判断下列数列是否为等比数列:

(1) 1, 1, 1, 1;

(2) 0, 1, 2, 4, 8;

(3) $1, -\dfrac{1}{2}, \dfrac{1}{4}, -\dfrac{1}{8}, \dfrac{1}{16}$.

**解:**(1) 所给数列是首项为 1,公比为 1 的等比数列;

(2) 因为 0 不能作除数,所以这个数列不是等比数列;

(3) 所给数列是首项为 1,公比为 $-\dfrac{1}{2}$ 的等比数列.

**例 2** 求出下列等比数列中的未知项:

(1) 2, $a$, 8;

(2) $-4, b, c, \dfrac{1}{2}$.

**解:**(1) 根据题意,得 $\dfrac{a}{2} = \dfrac{8}{a}$,

所以 $a = 4$ 或 $a = -4$.

(2) 根据题意,得 $\begin{cases} \dfrac{b}{-4} = \dfrac{c}{b}, \\ \dfrac{\frac{1}{2}}{c} = \dfrac{c}{b}. \end{cases}$

解得 $\begin{cases} b = 2, \\ c = -1. \end{cases}$

所以 $b = 2, c = -1$.

一般地,首项为 $a_1$,公比为 $q$ 的等比数列的通项公式是:

$$a_n = a_1 q^{n-1}.$$

**例 3** 培育水稻新品种,如果第一代得到 120 粒种子,并且从第一代起,由以后各代的每一粒种子都可以得到下一代的 120 粒种子,到第 5 代大约可以得到这个新品种的种子多少粒(结果保留两位有效数字)?

**解:**由于每代的种子数是它的前一代数的 120 倍,逐代的种子数组成等比数列,记为 $\{a_n\}$,其中 $a_1 = 120, q = 120$,因此

$$a_5 = 120 \times 120^{5-1} \approx 2.5 \times 10^{10}.$$

答:到第 5 代大约可以得到种子 $2.5 \times 10^{10}$ 粒.

**例 4** 在等比数列 $\{a_n\}$ 中,

(1) 已知 $a_1 = 3, q = -2$,求 $a_6$;

(2) 已知 $a_3 = 12, a_4 = 18$,求 $a_1$ 和 $q$.

**解:**(1) 由等比数列的通项公式,得

$$a_6 = 3 \times (-2)^{6-1} = -96.$$

(2) 设等比数列的公比为 $q$,那么
$$\begin{cases} a_1 q^2 = 12, \\ a_1 q^3 = 18. \end{cases}$$

解得 $\begin{cases} q = \dfrac{3}{2}, \\ a_1 = \dfrac{16}{3}. \end{cases}$

 **例 5** 在 243 和 3 中间插入 3 个数,使这 5 个数成等比数列.

**解:** 设插入的 3 个数为 $a_1, a_2, a_3$,由题意得
$$243, a_1, a_2, a_3, 3.$$

成等比数列.设公比为 $q$,则
$$3 = 243 q^{5-1}.$$

解得 $q = \pm \dfrac{1}{3}$.

因此,所求 3 个数为 81,27,9 或 $-81,27,-9$.

 1. 判断下列数列是否为等比数列:

(1) 1, 2, 1, 2, 1;

(2) $-2, -2, -2, -2$;

(3) $1, -\dfrac{1}{3}, \dfrac{1}{9}, -\dfrac{1}{27}, \dfrac{1}{81}$;

(4) $2, 1, \dfrac{1}{2}, \dfrac{1}{4}, 0$.

2. 已知下列数列是等比数列,试在括号内填上适当的数:

(1)(　　),3,27;     (2) 3,(　　),5;

(3) 1,(　　),(　　),$\dfrac{27}{8}$.

3. 下列数列哪些是等差数列,哪些是等比数列?

(1) 2, 4, 6, 8, 10;     (2) $2^2, 2, 1, 2^{-1}, 2^{-2}$;

(3) 3, 3, 3, 3, 3.

4. 求下列等比数列的公比、第 5 项和第 $n$ 项:

(1) 2, 6, 18, 54, …;

(2) $7, \dfrac{14}{3}, \dfrac{28}{9}, \dfrac{56}{27}, \cdots$;

(3) $0.3, -0.09, 0.027, -0.0081, \cdots$;

(4) $5, 5^{c+1}, 5^{2c+1}, 5^{3c+1}, \cdots$.

5. 已知等比数列的公比为 $\dfrac{2}{5}$,第 4 项是 $\dfrac{5}{2}$,求这个数列的前三项.

6. 已知 $a_1, a_2, a_3, \cdots, a_n$ 是公比为 $q$ 的等比数列,那么新数列 $a_n, a_{n-1}, a_{n-2}, \cdots, a_1$ 也是等比数列吗?如果是,公比是多少?

7. 已知无穷等比数列 $\{a_n\}$ 的首项为 $a_1$,公比为 $q$.

   (1) 依次取出数列 $\{a_n\}$ 中的所有奇数项,组成一个新数列,这个新数列还是等比数列吗?如果是,它的首项和公比是多少?

   (2) 数列 $\{ca_n\}$(其中常数 $c\neq 0$)是等比数列吗?如果是,它的首项和公比是多少?

8. 由下列等比数列的通项公式,求首项和公比:

   (1) $a_n = 2^n$;　　　(2) $a_n = \dfrac{1}{4} \cdot 10^n$.

9. (1) 一个等比数列的第 9 项是 $\dfrac{4}{9}$,公比是 $-\dfrac{1}{3}$,求它的第 1 项;

   (2) 一个等比数列的第 2 项是 10,第 3 项是 20,求它的第 1 项与第 4 项.

## 4.3.2　等比数列的前 $n$ 项和

国际象棋(如图 4-3-2)起源于古代印度,相传国王要奖赏国际象棋的发明者,问他想要什么,发明者说:"请在棋盘的第 1 个格子里放上一颗麦粒,在第 2 个格子里放上 2 颗麦粒,在第 3 个格子里放上 4 颗麦粒,在第 4 个格子里放上 8 颗麦粒,依此类推,每个格子里放的麦粒数都是前一个格子里放的麦粒数的 2 倍,直到第 64 个格子."国王觉得这并不是很难办到的事,就欣然同意了他的要求.一般千粒麦子的质量约为 40 g,据查,目前世界年度小麦产量约 6 亿吨.根据以上数据,你认为国王有能力实现他的诺言吗?

图 4-3-2

让我们来分析一下,如果把各格所放的麦粒数看成一个数列,我们可以得到一个等比数列:它的首项为 1,公比为 2,求第 1 格到第 64 格的麦粒总数,就是求这个数列的前 64 项的和 $S_{64} = 1 + 2 + 2^2 + 2^3 + \cdots + 2^{63}$.

一般地,设有等比数列

$$a_1, a_2, a_3, \cdots, a_n, \cdots,$$

它的前 $n$ 项是

$$S_n = a_1 + a_2 + a_3 + \cdots + a_n.$$

根据等比数列的通项公式,上式可写成

$$S_n = a_1 + a_1q + a_1q^2 + \cdots + a_1q^{n-1}. \qquad ①$$

我们发现,用 $q$ 乘①的两边,可得

$$qS_n = a_1q + a_1q^2 + \cdots + a_1q^{n-1} + a_1q^n. \qquad ②$$

①、②的右边有很多相同的项,①-②,得

$$(1-q)S_n = a_1 - a_1q^n.$$

由此可以得到 $q \neq 1$ 时,等比数列 $\{a_n\}$ 的前 $n$ 项和的公式

$$S_n = \frac{a_1(1-q^n)}{1-q} \quad (q \neq 1).$$

因为 $a_1 q^n = (a_1 q^{n-1}) q = a_n q$

所以上面的公式还可以写成

$$S_n = \frac{a_1 - a_n q}{1-q} \quad (q \neq 1).$$

现在,我们来解决本节开头提出的问题,由 $a_1 = 1$, $q = 2$, $n = 64$,

可得
$$S_{64} = \frac{1(1-2^{64})}{1-2} = 2^{64} - 1.$$

$2^{64} - 1$ 这个数很大,超过了 $1.84 \times 10^{19}$,而千粒麦子的质量约为 $40$ g,那么麦粒的总质量超过了 $7\,000$ 亿吨,因此,国王难以实现他的诺言.

**思考**

若等比数列的公比 $q = 1$,那么怎样求 $S_n$?

**例1** 求等比数列 $\frac{1}{2}, \frac{1}{4}, \frac{1}{8} \cdots$ 的前 8 项和.

**解**:由 $a_1 = \frac{1}{2}$, $q = \frac{1}{4} \div \frac{1}{2} = \frac{1}{2}$, $n = 8$,

得
$$S_8 = \frac{\frac{1}{2}\left[1 - \left(\frac{1}{2}\right)^8\right]}{1 - \frac{1}{2}} = \frac{255}{256}.$$

**例2** 在等比数列 $\{a_n\}$ 中,已知 $a_1 = 1$, $a_k = 243$, $q = 3$, 求 $S_k$.

**解**:根据等比数列的前 $n$ 项和公式,得

$$S_k = \frac{1 - 243 \times 3}{1 - 3} = 364.$$

**例3** 在等比数列 $\{a_n\}$ 中,已知 $S_3 = 7$, $S_6 = 63$, 求 $a_n$.

**解**:显然 $q \neq 1$,根据等比数列的前 $n$ 项和公式,得

$$S_3 = \frac{a_1(1-q^3)}{1-q} = 7,$$

$$S_6 = \frac{a_1(1-q^6)}{1-q} = 63.$$

将上面两个等式的两边分别相除,得 $1 + q^3 = 9$.

所以 $q = 2$,由此可得 $a_1 = 1$.

因此 $a_n = 1 \times a^{n-1} = a^{n-1}$.

4.3 等比数列

1. 求下列等比数列的各项和：

   (1) $1, 3, 9, \cdots, 2187$；  (2) $1, -\dfrac{1}{2}, \dfrac{1}{4}, -\dfrac{1}{8}, \cdots, -\dfrac{1}{512}$.

2. 根据下列条件，求等比数列 $\{a_n\}$ 的前 $n$ 项和 $S_n$：

   (1) $a_1=3, q=2, n=6$；  (2) $a_1=-1, q=-\dfrac{1}{3}, n=5$；

   (3) $a_1=8, q=\dfrac{1}{2}, a_n=\dfrac{1}{2}$；  (4) $a_2=3, a_4=27, n=5$.

3. 在等比数列 $\{a_n\}$ 中：

   (1) 已知 $q=\dfrac{1}{2}, S_5=3\dfrac{5}{8}$，求 $a_1$ 与 $a_5$；

   (2) 已知 $a_1=2, S_3=26$，求 $q$ 与 $a_3$；

   (3) 已知 $a_3=1\dfrac{1}{2}, S_3=4\dfrac{1}{2}$，求 $a_1$ 与 $q$.

4. 如果一个等比数列的前 5 项和等于 10，前 10 项和等于 50，那么它的前 15 项和等于多少？

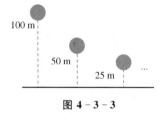

图 4-3-3

5. 如图 4-3-3 所示，一个球从 100 m 高处自由落下，每次着地后又跳回原高度的一半再落下，求：当它第 10 次着地时，经过的路程共是多少？

## 4.4 习题课

**练习引导**

1. 用函数的观点理解数列的概念,了解数列的通项公式 $a_n = f(n)$ 的意义,了解数列的通项公式是数列的最基本的表示法.

2. 通过等差数列和等比数列的学习,了解 $a_n - a_{n-1} = d(n = 2, 3, 4, \cdots)$,以及 $\dfrac{a_n}{a_{n-1}} = q(n = 2, 3, 4, \cdots)$ 都是数列的递推公式,以及由递推公式如何导出通项公式.

3. 用转化的思想理解数列的问题,对于等差或等比数列而言,可以归结为已知数列中的基本量 $a_1$,$n$,$d$(或 $q$),$a_n$,$S_n$ 中的 3 个,来求其他 2 个的问题.解决的方法就是根据等差(比)的通项公式或求和公式列出方程或方程组,于是用函数与方程的思想分析解决.

### 一、基础训练

**分析**:数列的通项公式表示的是数列的项 $a_n$ 与它的序号 $n$ 之间的对应关系.因而已知数列的通项公式可以求数列的任意一项;但是,反过来,已知数列的前几项求通项公式,有时比较困难,通常解决的方法就是将复杂的数列转化为熟悉、简单的数列.

1. 数列 $\{3n+2\}$ 的第 10 项等于_____.

2. 数列 $2, 7, 12, 17, x, 27, \cdots$ 中 $x$ 的值等于_____.

3. 数列 $\sqrt{2}, \sqrt{5}, 2\sqrt{2}, \sqrt{11}, \cdots$ 的一个通项公式是_____.

4. 等差数列 $7, 4, 1, -2, \cdots, -41$ 共有_____项.

5. 如果三角形的 3 个内角的度数成等差数列,那么中间的角是____度.

6. 一个剧场设置了 20 排座位,第一排有 38 个座位,往后每一排都比前一排多两个座位.这个剧场一共设置了_____个座位.

7. 为了参加幼师春季运动会的 5 000 m 长跑比赛,某同学给自己制定了 7 天的训练计划:第一天跑 5 000 m,以后每天比前一天多跑 500 m,这个同学 7 天一共将跑多长的距离?

### 二、典型例题

写出数列 $-1, 4, -7, 10, \cdots$ 的一个通项公式.

**分析**:数列 $-1, 4, -7, 10, \cdots$ 可以看作数列 $1, 4, 7, 10, \cdots$ 与数列 $-1, 1, -1, 1, \cdots$ 对应项的积,数列 $1, 4, 7, 10, \cdots$ 是等差数列,它的通项公式是 $a_n = 3n - 2$,数列 $-1, 1, -1, 1, \cdots$ 的通项公式是 $a_n = (-1)^n$,从而可得所求通项公式:$a_n = (-1)^n(3n-2)$.

**例 2** 已知一个等差数列 $\{a_n\}$ 前 10 项的和是 310,前 20 项的和是 1 220.由这些条件能确定这个等差数列的前 30 项和吗?

**分析**：将已知条件代入等差数列前 $n$ 项和的公式后,可得到两个关于 $a_1$ 与 $d$ 的关系式,它们都是关于 $a_1$ 与 $d$ 的二元一次方程,由此可以求得 $a_1$ 与 $d$,从而得到所求前 $n$ 项和的公式.

**解**：由题意知

$$S_{10}=310, S_{20}=1\,220,$$

将它们代入公式

$$S_n=na_1+\frac{n(n-1)}{2}d,$$

得到

$$\begin{cases}10a_1+45d=310,\\ 20a_1+190d=1\,220.\end{cases}$$

解这个关于 $a_1$ 与 $d$ 的方程组,得到

$$a_1=4, d=6,$$

所以

$$S_{30}=4\times 30+\frac{30(30-1)}{2}\times 6=2\,730.$$

 **例 3** 已知等差数列 $\{a_n\}$ 的前 $n$ 项和为 $S_n=n^2+\dfrac{1}{2}n$,求这个数列的通项公式,并指出它的首项与公差.

**解**：根据

$$S_n=a_1+a_2+\cdots+a_{n-1}+a_n$$

与

$$S_{n-1}=a_1+a_2+\cdots+a_{n-1}\;(n>1)$$

可知,当 $n>1$ 时,

$$\begin{aligned}a_n&=S_n-S_{n-1}\\&=n^2+\frac{1}{2}n-\left[(n-1)^2+\frac{1}{2}(n-1)\right]\\&=2n-\frac{1}{2}.\end{aligned}$$ ①

当 $n=1$ 时,

$$a_n=S_1=1^2+\frac{1}{2}\times 1=\frac{3}{2},$$

也满足①式.

所以数列 $\{a_n\}$ 的通项公式为 $a_n=2n-\dfrac{1}{2}$.

由此可知,数列 $\{a_n\}$ 是一个首项为 $\dfrac{3}{2}$、公差为 2 的等差数列.

**例 4**

如图 4-4-1，在边长为 1 的等边三角形 $ABC$ 中，连接各边中点得 $\triangle A_1B_1C_1$，再连接 $\triangle A_1B_1C_1$ 的各边中点得 $\triangle A_2B_2C_2$……如此继续下去，求第 10 个三角形的边长．

解：由题意知，从第 2 个三角形起，每一个三角形的边长均为上一个三角形边长的 $\dfrac{1}{2}$，所以，各三角形的边长构成一个首项为 1，公比为 $\dfrac{1}{2}$ 的等比数列，记为 $\{a_n\}$，故

$$a_{10} = \left(\dfrac{1}{2}\right)^{10-1} = \left(\dfrac{1}{2}\right)^9 = \dfrac{1}{512}.$$

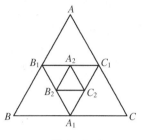

图 4-4-1

### 三、巩固提高

1. 根据图 4-4-2 的图形及相应的点数，在空格和括号中分别填上适当的形和数，并写出形数构成的数列的一个通项公式．

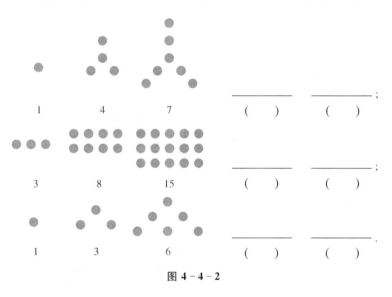

图 4-4-2

2. 求等比数列 $\dfrac{3}{2}$，$\dfrac{3}{4}$，$\dfrac{3}{8}$，…，从第 3 项到第 7 项的和．

3. (1) 设等差数列 $\{a_n\}$ 的通项公式是 $3n-2$，求它的前 $n$ 项和公式．

   (2) 设等差数列 $\{a_n\}$ 的前 $n$ 项和公式是 $S_n = 5n^2 + 3n$，求它的前 3 项，并求它的通项公式．

4. 已知等差数列的前 4 项和为 2，前 9 项和为 $-6$，求它的前 14 项和．

5. 成等差数列的 3 个正数的和等于 15，并且这 3 个数分别加上 1，3，9 后又成等比数列．求这 3 个数．

6. 如图 4-4-3，画一个边长为 2 cm 的正方形，再将这个正方形各边的中点相连得到第 2 个正方形，依此类推，这样一共画了 10 个正方形．求：

   (1) 第 10 个正方形的面积；

   (2) 这 10 个正方形的面积的和．

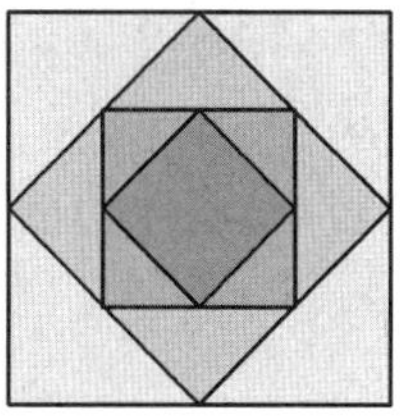

图 4-4-3

# 小　结

## 一、知识结构

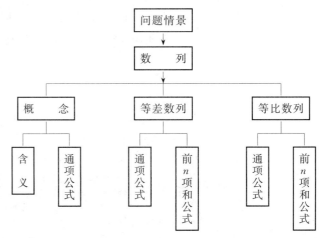

## 二、回顾与思考

1. 数列在现实世界中无处不在,你能举出一些数列的实例吗？数列实际上是定义域为正整数集 $\mathbf{N}_+$（或它的有限子集$\{1,2,3,\cdots,n\}$）的函数当自变量从小到大依次取值时对应的一列函数值.你能从函数的观点认识数列吗？

2. 通项公式与递推公式是给出一个数列的两种重要方法.你能结合例子来说明如何根据数列的通项公式写出数列的任意一项？如何根据数列的递推公式写出数列的前几项？

3. 等差数列与等比数列是两种简单、常用的数列.你能准确并灵活地使用这两种数列的通项公式和前 $n$ 项和公式来计算并解决一些简单问题吗？（注意：可以使用对比的学习策略,进一步认识它们之间的区别和联系）

## 三、复习题

1. 若直角三角形的 3 条边的长组成公差为 3 的等差数列,则 3 边的长分别为（　　）.
   
   A. 5, 8, 11  B. 9, 12, 15
   
   C. 10, 13, 16  D. 15, 18, 21

2. 写出数列的一个通项公式,使它的前 4 项分别是下列各数：

   (1) $1, \dfrac{3}{4}, \dfrac{5}{9}, \dfrac{7}{16}$;　　(2) $\dfrac{2}{1\times 3}, \dfrac{4}{3\times 5}, \dfrac{6}{5\times 7}, \dfrac{8}{7\times 9}$;
   
   (3) $11, 101, 1\,001, 10\,001$;　　(4) $\dfrac{2}{3}, -\dfrac{4}{9}, \dfrac{2}{9}, -\dfrac{8}{81}$.

3. 已知等差数列中，$a_1 = 1$，$a_3 = 5$，则 $a_{10}$ 等于_____．

4. 已知等差数列 $\{a_n\}$ 中，$a_{12} = 10$，$a_{22} = 25$，则 $a_{32} = $_____．

5. 在等差数列的 $\{a_n\}$ 中：

   (1) $a_1 = 20$，$a_n = 54$，$S_n = 999$，求 $d$ 及 $n$；

   (2) $d = \dfrac{1}{3}$，$S_{37} = 629$，求 $a_1$；

   (3) $a_1 = \dfrac{5}{6}$，$d = -\dfrac{1}{6}$，$S_n = -5$，求 $n$ 及 $a_n$；

   (4) $d = 2$，$a_{15} = -10$，求 $a_1$ 及 $S_{20}$．

6. 已知等比数列 $\{a_n\}$ 中，$a_3 = 9$，$a_9 = 3$，则 $a_6 = $_____．

7. 设 $a_1$，$a_2$，$a_3$，$a_4$ 成等比数列，其公比为 2，则 $\dfrac{2a_1 + a_2}{2a_3 + a_4}$ 的值为（　　）．

   A. $\dfrac{1}{4}$ 　　B. $\dfrac{1}{2}$ 　　C. $\dfrac{1}{8}$ 　　D. 1

8. 在等比数列 $\{a_n\}$ 中：

   (1) 已知 $a_4 = 27$，$q = -3$，求 $a_7$；

   (2) 已知 $a_2 = 18$，$a_4 = 8$，求 $a_1$ 与 $q$；

   (3) 已知 $a_5 = 4$，$a_2 = 6$，求 $a_9$；

   (4) 已知 $a_5 - a_1 = 15$，$a_4 - a_2 = 6$，求 $a_3$．

9. 已知等比数列 $\{a_n\}$ 中，$a_3 = 7$，$S_3 = 21$，则公比 $q$ 的值是（　　）．

   A. 1 　　B. $-\dfrac{1}{2}$ 　　C. 1 或 $-\dfrac{1}{2}$ 　　D. $-1$ 或 $-\dfrac{1}{2}$

\*10. 观察：
$$1$$
$$1+2+1$$
$$1+2+3+2+1$$
$$1+2+3+4+3+2+1$$
......

   (1) 第 100 行是多少个数的和？这个和是多少？

   (2) 计算第 $n$ 行的值．

# 第五章 基本初等函数 Ⅱ

5.1 角的概念的推广
5.2 弧度制
5.3 习题课 1
5.4 三角函数
5.5 习题课 2
5.6 三角函数的图像和性质
5.7 习题课 3
小结

音乐的旋律、昼夜的交替、潮汐、钟摆的运动、交流电等，这些都是与周期变化有关的现象．三角函数是刻画和描述周期变化的数学模型．在本章，我们将学习任意角的三角函数，掌握一些基本的三角关系式与三角函数的图像和性质．

# 5.1 角的概念的推广

问题

(1) 在跳水比赛中,我们经常听到转体 2 周、转体 3 周半等动作名称,你知道它们分别表示旋转的角度是多少吗?

(2) 幼儿园里小朋友骑自行车时,自行车的车轮在前进和后退的过程中形成的角一样吗?

(3) 教室中时钟的分针与时针形成的角度是多少?

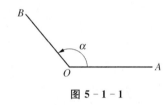

**图 5 - 1 - 1**

我们知道,角可以看成平面内一条射线绕着端点从一个位置旋转到另一个位置所成的图形.如图 5 - 1 - 1 所示,一条射线的端点是 $O$,它从起始位置 $OA$ 按逆时针方向旋转到终止位置 $OB$,形成了一个角 $\alpha$,点 $O$ 是角的顶点,射线 $OA$,$OB$ 分别是角的始边、终边.

通常用小写希腊字母 $\alpha$,$\beta$,$\gamma$,$\theta$ 等来表示角.

在初中我们只研究了 0°～360°范围的角,但在实际生活中,我们还会遇到其他的角.例如在跳水比赛中,向前转体 2 周或向后转体 1 周;车轮向前转或向后转等.实际上,角的形成可以按照两种相反的旋转方向:逆时针方向和顺时针方向.为了区别起见,我们规定,按逆时针方向旋转所形成的角叫做**正角**,按顺时针方向旋转所形成的角叫做**负角**.在图 5 - 1 - 2 中,以 $OA$ 为始边的角 $\alpha = 210°$,$\beta = -150°$,$\gamma = -660°$.特别地,如果一条射线没有作任何旋转,我们称这个角为**零角**.

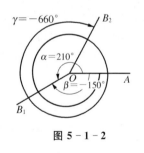

**图 5 - 1 - 2**

在问题(1)中,转体 2 周即旋转 720°,转体 3 周半即旋转 1 260°.在问题(2)中,自行车不论是前进还是后退,车轮按逆时针方向旋转都形成正角,车轮按顺时针方向旋转都形成负角.在问题(3)中,时钟的分针与时针都按顺时针方向旋转成负角.

为了方便研究,以后我们都是把角安置在直角坐标系内讨论,并使角的顶点与原点重合,角的始边在 $x$ 轴的非负半轴上.这样,一个角的终边落在第几象限,就说这个角是第几象限的角(或说这个角属于第几象限).如图 5 - 1 - 3(1)所示,30°,390°,-330°都是第一象限的角;如图 5 - 1 - 3(2)所示,300°,-60°都是第四象限的角.如果角的终边落在坐标轴上,就认为这个角不属于任何象限.

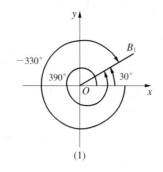
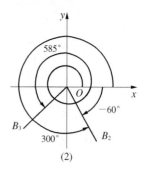

图 5-1-3

从图 5-1-3(1)中看出,390°,−330°都与30°终边相同,而且

$$390° = 30° + 360°,$$
$$-330° = 30° + (-1) \times 360°.$$

同样,750°,−690°也与30°终边相同,可表示为

$$750° = 30° + 2 \times 360°,$$
$$-690° = 30° + (-2) \times 360°.$$

于是,所有与30°角终边相同的角,连同30°角在内,构成一个集合

$$S = \{\beta \mid \beta = 30° + k \cdot 360°, k \in \mathbf{Z}\}.$$

一般地,我们有:

所有与角 $\alpha$ 终边相同的角,连同角 $\alpha$ 在内,构成一个集合

$$S = \{\beta \mid \beta = \alpha + k \cdot 360°, k \in \mathbf{Z}\},$$

即所有与角 $\alpha$ 终边相同的角,都可以表示成角 $\alpha$ 与整数个周角的和.

 **例1** 在0°~360°内,找出与下列各角终边相同的角,并判定它们是第几象限的角:

(1) −125°;　　　(2) 660°;　　　(3) −925°8′.

**解:** (1) −125° = 235° − 360°,

所以与−125°角终边相同的角是235°角,它是第三象限角;

(2) 660° = 300° + 360°,

所以与660°角终边相同的角是300°角,它是第四象限角;

(3) −925°8′ = 154°52′ − 3 × 360°,

所以与−925°8′角终边相同的角是154°52′角,它是第二象限角.

 **例2** 写出终边在 $x$ 轴上的角的集合.

**解:** 在0°到360°范围内,终边在 $x$ 轴上的角有两个,即0°角和180°角.

所有与0°角终边相同的角构成集合

$$S_1 = \{\beta \mid \beta = k \cdot 360°, k \in \mathbf{Z}\}.$$

而所有与180°角终边相同的角构成集合

$$S_2 = \{\beta \mid \beta = 180° + k \cdot 360°, k \in \mathbf{Z}\}.$$

5.1 角的概念的推广

于是,终边在 $x$ 轴上的角的集合就是

$$S = S_1 \cup S_2$$
$$= \{\beta \mid \beta = 2k \cdot 180°, k \in \mathbf{Z}\} \cup \{\beta \mid \beta = (2k+1) \cdot 180°, k \in \mathbf{Z}\}$$
$$= \{\beta \mid \beta = n \cdot 180°, n \in \mathbf{Z}\}.$$

1. (口答)锐角是第几象限的角?第一象限的角是否都是锐角?再就钝角、直角回答这两个问题.

2. 如果两个角有相同的终边,这两个角相等吗?为什么?

3. 在直角坐标系内作出下列各角,并指出它们是哪个象限的角:
   (1) 420°;    (2) −75°;    (3) 855°;    (4) −510°.

4. 在 0° 到 360° 之间,找出与下列各角终边相同的角,并指出它们是哪个象限的角:
   (1) −54°18′;                (2) 395°8′;
   (3) −1 190°30′;             (4) 1 563°.

5. 写出与下列各角终边相同的角的集合:
   (1) 45°;                    (2) −30°;
   (3) 1 303°18′;              (4) −225°.

6. 写出终边在 $y$ 轴上的角的集合.

# 5.2 弧度制

**问题**

怎样度量角的大小?

在初中我们已经学过一种角的度量,规定周角的 $\dfrac{1}{360}$ 为 1 度的角,记作 $1°$,这种用度作为单位来度量角的单位制叫做角度制.而在科学研究以及生产实际中常用的另一种度量角的单位制是弧度制.

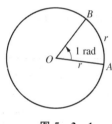

图 5-2-1

我们把长度等于半径长的弧所对的圆心角叫做 1 弧度的角,记作 1 rad 或 1 弧度.如图 5-2-1,$\overset{\frown}{AB}$ 的长等于半径 $r$,它所对的圆心角 $\angle AOB$ 就是 1 弧度的角,这种用弧度作为单位来度量角的单位制,叫做**弧度制**.

正角的弧度数是一个正数,负角的弧度数是一个负数,零角的弧度数是 0.一般地,一个圆心角 $\alpha$ 所对的弧长 $l$ 中所含半径 $r$ 的倍数就是这个角 $\alpha$ 的弧度数,即任一已知角 $\alpha$ 的弧度数的绝对值

$$|\alpha| = \dfrac{l}{r}, \text{ 或 } l = |\alpha| \cdot r,$$

其中 $l$ 是把 $\alpha$ 当作圆心角时所对弧的长,$r$ 是圆的半径.

在角度制里 $360°$ 所对的弧长是 $l = 2\pi r$,所以周角的弧度数是

$$\dfrac{l}{r} = \dfrac{2\pi r}{r} = 2\pi,$$

即

$$360° = 2\pi \text{ rad}.$$

通常可以把 rad 或"弧度"省略.

由此可得下列换算关系:

$$2\pi = 360°, \pi = 180°,$$

$$1(\text{弧度}) = \left(\dfrac{180}{\pi}\right)° \approx 57.30° = 57°18', 1° = \dfrac{\pi}{180} \approx 0.017\ 45.$$

**例 1** 把 $135°, 0°$ 及 $-36°$ 化成弧度.

解：$135° = \dfrac{\pi}{180} \times 135 = \dfrac{3\pi}{4}$；

$0° = \dfrac{\pi}{180} \times 0 = 0$；

$-36° = \dfrac{\pi}{180} \times (-36) = -\dfrac{\pi}{5}$.

 **例 2** 把 $\dfrac{2\pi}{5}, 0, -\dfrac{7\pi}{6}$ 化成度.

解：$\dfrac{2\pi}{5} = \dfrac{2}{5} \times 180° = 72°$；

$0 = 0 \times 180° = 0°$；

$-\dfrac{7\pi}{6} = -\dfrac{7}{6} \times 180° = -210°$.

用弧度制来度量角,实际上在角的集合与实数集合之间建立了一一对应的关系：每一个角都有惟一的一个实数（这个角的弧度数）与它对应；反过来,每一个实数也都有惟一的一个角（角的弧度数就是这个实数）与它对应.

下面列出常用的特殊角的度数与弧度数的对应表(如表 5－2－1).

表 5－2－1

| 度 | 0° | 30° | 45° | 60° | 90° | 120° | 135° | 150° | 180° | 270° | 360° |
|---|---|---|---|---|---|---|---|---|---|---|---|
| 弧度 | 0 | $\dfrac{\pi}{6}$ | $\dfrac{\pi}{4}$ | $\dfrac{\pi}{3}$ | $\dfrac{\pi}{2}$ | $\dfrac{2}{3}\pi$ | $\dfrac{3}{4}\pi$ | $\dfrac{5}{6}\pi$ | $\pi$ | $\dfrac{3}{2}\pi$ | $2\pi$ |

 **例 3** 求下列各式的值：

(1) $\sin \dfrac{\pi}{6}$；　　　　　　　　(2) $\tan 1.5$.

解：(1) 因为 $\dfrac{\pi}{6} = 30°$,所以 $\sin \dfrac{\pi}{6} = \sin 30° = \dfrac{1}{2}$；

(2) 因为 $1.5 \approx 1.5 \times 57.30° = 85.95° = 85°57'$,

所以 $\tan 1.5 \approx \tan 85°57' = 14.12$. （使用计算器或查《中学数学用表》）

 **例 4** 已知圆的半径为 20 cm,求圆心角 $48°12'$ 所对的弧长（精确到 1 cm）.

解：因为 $48°12' = 48.2° \approx 48.2 \times 0.017\,45 \approx 0.841$,
所以所求的弧长为 $l = 0.841 \times 20 \approx 17$ (cm).

**练习**

1. 把下列各角化为弧度：

(1) $12°$；　　　　　(2) $75°$；　　　　　(3) $-135°$；

(4) $-240°$；　　　(5) $300°$；　　　　(6) $22°30'$.

2. 把下列各角化为度：

(1) $\dfrac{\pi}{12}$；  (2) $-\dfrac{4}{3}\pi$；  (3) $\dfrac{3}{10}\pi$；

(4) $-\dfrac{\pi}{5}$；  (5) $-12\pi$；  (6) $\dfrac{5}{6}\pi$.

3. 求下列各式的值：

(1) $\sin\dfrac{\pi}{3}$；  (2) $\tan\dfrac{\pi}{6}$；

(3) $\cos 1.2$；  (4) $\sin 1$.

4. （口答）时间经过 4 h，时针、分针各转了多少度？等于多少弧度？

5. 已知半径为 120 mm 的圆上的一条弧的长度是 144 mm，求这条弧所对的圆心角的弧度数与度数.

6. 分别用度和弧度表示等边三角形、等腰直角三角形的各角.

5.2 弧 度 制

## 5.3 习题课 1

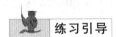

1. 以对应的思想,理解角的概念的推广,理解任意角、正角、负角、零角、象限角、终边相同的角等概念的意义;

2. 了解1弧度的角的含义以及角的两种度量单位之间的换算关系.

### 一、基础训练

1. 填表:

表 5-3-1

| 度 | 0° | 15° | 30° | 45° | 60° | 75° | 90° | 120° | 135° | 150° | 180° | 210° | 225° | 270° | 360° |
|---|---|---|---|---|---|---|---|---|---|---|---|---|---|---|---|
| 弧度 | | | | | | | | | | | | | | | |

2. 选择:若 $\alpha$ 是第三象限的角,则 $-\alpha$ 的终边在(　　).

    A. 第一象限　　　　　　　　B. 第二象限

    C. 第三象限　　　　　　　　D. 第四象限

3. 在 0° 到 360° 之间,找出与下列各角终边相同的角,并判定下列各角是哪个象限的角:

    (1) $-265°$;　　　　　　　　(2) $-15°$;

    (3) $-1\,000°$;　　　　　　　(4) $3\,900°$.

4. 写出与下列各角终边相同的角的集合:

    (1) $60°$;　　　　　　　　　(2) $-75°$;

    (3) $270°$;　　　　　　　　(4) $180°$.

5. 一条弦的长等于半径,这条弦所对的圆心角是否为 1 rad? 为什么?

### 二、典型例题

1. 用不等式、集合、区间三种形式分别写出第二象限的角.

**分析**:根据第二象限角的意义,分别选择三种不同的表达方式来描述角.

**解**:第二象限的角用不等式可表示为

$$2k\pi + \frac{\pi}{2} < x < 2k\pi + \pi, k \in \mathbf{Z};$$

用集合表示为

$$\left\{x \mid 2k\pi + \frac{\pi}{2} < x < 2k\pi + \pi, k \in \mathbf{Z}\right\};$$

用区间可表示为

$$\left(2k\pi+\frac{\pi}{2}, 2k\pi+\pi\right) k \in \mathbf{Z}.$$

2. 已知扇形的周长是 8 cm,圆心角是 2 rad,求该扇形的面积.

**分析**:本题将弧长公式和扇形面积公式进行综合应用.

**解**:设扇形的半径为 $r$,弧长为 $l$,则有

$$\begin{cases} 2r+l=8, \\ l=2r, \end{cases}$$

解得 $\begin{cases} r=2, \\ l=4. \end{cases}$

故扇形的面积为 $S=\frac{1}{2}rl=4(cm)^2$.

3. 直径为 40 cm 的轮子,以每秒 45 rad 的角速度旋转,求轮子圆周上一点在 5 s 内所经过的弧长.

**分析**:轮子的角速度就是它的半径在 1 s 内所转过的弧数.

**解**:轮子的半径为:

$$r=\frac{40}{2}=20(cm).$$

轮子的半径在 5 s 内所转过的角为

$$\alpha=5\times 45=225(rad).$$

因此,轮子圆周上一点所经过的弧长为:

$$l=\alpha \cdot r=225\times 20=4\,500(cm).$$

### 三、巩固提高

1. 已知扇形的面积是 1 cm²,它的周长是 4 cm,求圆心角的弧度数;

2. 如图 5-3-1,写出终边落在阴影部分的角的集合;

3. 在 0°到 360°间找出与下列各角终边相同的角,并判定下列各角是哪个象限的角:

   (1) $-265°$;               (2) $-1\,000°$.

4. 把下列各角从弧度化成度:

   (1) $-\frac{7\pi}{6}$;                (2) $-\frac{8\pi}{3}$.

5. 已知长 50 cm 的弧含角 200°,求这条弧所在的圆的半径(精确到 1 cm).

6. 分别用集合和区间表示第三象限的角.

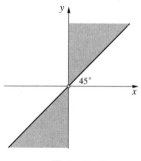

图 5-3-1

# 5.4 三角函数

## 5.4.1 任意角的三角函数

在初中,我们已经学过锐角的三角函数.它们都是在直角三角形中以锐角为自变量、以边长的比值为函数值的函数.如果 α 是一个任意大小的角,我们怎样将锐角的三角函数推广到任意角的三角函数呢?

设 α 是一个任意大小的角,α 的终边上任意一点 $P$(除原点外)的坐标是 $(x,y)$,点 $P$ 与原点的距离是 $r$ ( $r = \sqrt{x^2+y^2} > 0$ ).

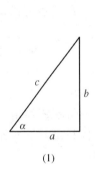
(1)
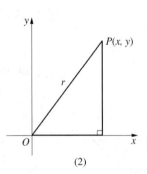
(2)

图 5-4-1

α 的 3 种三角函数定义为

$$\text{正弦函数}: \sin\alpha = \frac{y}{r};$$

$$\text{余弦函数}: \cos\alpha = \frac{x}{r};$$

$$\text{正切函数}: \tan\alpha = \frac{y}{x}.$$

由相似三角形的知识,比值 $\frac{y}{r}$,$\frac{x}{r}$,$\frac{y}{x}$ 的大小只与角 α 终边的位置有关,而与 $P$ 点的取法无关(如图 5-4-2).即对于确定的角 α,上面 3 个比值都是惟一确定的,这就是说,正弦、余弦、正切都是以角为自变量,以比值为函数值的函数.

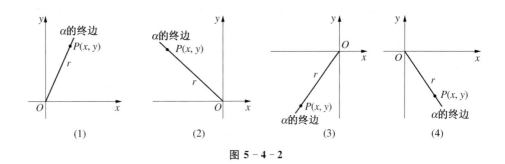

(1)　　　　　(2)　　　　　(3)　　　　　(4)

图 5 - 4 - 2

**思考**

(1) 比值"$\dfrac{y}{r}$"与初中已学过的"对边比斜边"有什么区别与联系？

(2) 对所有的角 $\alpha$，比值 $\dfrac{y}{r}$，$\dfrac{x}{r}$，$\dfrac{y}{x}$ 都有意义吗？

由三角函数的定义可知：在弧度制下，三角函数的定义域如表 5 - 4 - 1 所示.

表 5 - 4 - 1

| 三角函数 | 定　义　域 |
| --- | --- |
| $\sin \alpha = \dfrac{y}{r}$ | $\mathbf{R}$ |
| $\cos \alpha = \dfrac{x}{r}$ | $\mathbf{R}$ |
| $\tan \alpha = \dfrac{y}{x}$ | $\left\{\alpha \mid \alpha \neq \dfrac{\pi}{2} + k\pi, k \in \mathbf{Z}\right\}$ |

**例 1**　已知角 $\alpha$ 的终边经过点 $P(2, -3)$，求 $\alpha$ 的正弦、余弦和正切值.

**解**：因为 $x = 2$，$y = -3$，所以

$$r = \sqrt{2^2 + (-3)^2} = \sqrt{13}.$$

于是

$$\sin \alpha = \frac{y}{r} = \frac{-3}{\sqrt{13}} = -\frac{3\sqrt{13}}{13},$$

$$\cos \alpha = \frac{x}{r} = \frac{2}{\sqrt{13}} = \frac{2\sqrt{13}}{13},$$

$$\tan \alpha = \frac{y}{x} = -\frac{3}{2}.$$

**例 2**　求下列各角的正弦、余弦和正切值：

(1) $0$；　　　(2) $\pi$；　　　(3) $\dfrac{3\pi}{2}$.

5.4　三角函数

**解**：(1) 因为当 $\alpha = 0$ 时，$x = r$，$y = 0$，所以

$$\sin 0 = \frac{y}{r} = \frac{0}{r} = 0,$$

$$\cos 0 = \frac{x}{r} = \frac{r}{r} = 1,$$

$$\tan 0 = \frac{y}{x} = \frac{0}{x} = 0.$$

(2) 因为当 $\alpha = \pi$ 时，$x = -r$，$y = 0$，所以

$$\sin \pi = 0,$$

$$\cos \pi = -1,$$

$$\tan \pi = 0.$$

(3) 因为当 $\alpha = \frac{3\pi}{2}$ 时，$x = 0$，$y = -r$，所以

$$\sin \frac{3\pi}{2} = -1,$$

$$\cos \frac{3\pi}{2} = 0,$$

$$\tan \frac{3\pi}{2} \text{ 不存在}.$$

1. 已知角 $\alpha$ 的终边经过点 $P(-3, 4)$，求 $\alpha$ 的正弦、余弦和正切值.
2. 填表：

表 5-4-2

| $\alpha$ | 0° | 90° | 180° | 270° | 360° |
|---|---|---|---|---|---|
| $\alpha$ 的弧度数 | | | | | |
| $\sin \alpha$ | | | | | |
| $\cos \alpha$ | | | | | |
| $\tan \alpha$ | | | | | |

3. 求 $y = \dfrac{1}{1 + \cos x}$ 的定义域.

4. 计算：

(1) $7\cos 270° + 12\sin 0° + 2\cos 90°$；

(2) $\cos \dfrac{\pi}{3} - \tan \dfrac{\pi}{4} + \sin \dfrac{\pi}{6} + \dfrac{\sqrt{3}}{2}\tan \dfrac{\pi}{3}$.

对于不同象限的角，它们的三角函数值的符号如何变化？

由各象限内点的坐标的符号知道:

第一、第二象限角的正弦值 $\dfrac{y}{r}$ 是正的($y>0,r>0$),第三、第四象限角的正弦值 $\dfrac{y}{r}$ 是负的($y<0,r>0$);

第一、第四象限角的余弦值 $\dfrac{x}{r}$ 是正的($x>0,r>0$),第二、第三象限角的余弦值 $\dfrac{x}{r}$ 是负的($x<0,r>0$);

第一、第三象限角的正切值 $\dfrac{y}{x}$ 是正的($x,y$ 同号);第二、第四象限角的正切值 $\dfrac{y}{x}$ 是负的($x,y$ 异号).

各三角函数值在每个象限的符号如图 5-4-3 所示.

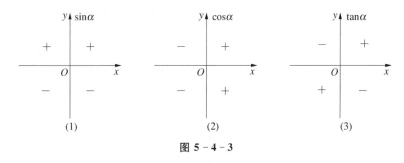

图 5-4-3

由三角函数的定义可以知道:终边相同的角的同名三角函数值相等.由此得到一组公式,记为公式一:

$$\sin(\alpha+k\cdot 360°)=\sin\alpha,$$
$$\cos(\alpha+k\cdot 360°)=\cos\alpha,$$
$$\tan(\alpha+k\cdot 360°)=\tan\alpha.$$
其中 $k\in\mathbb{Z}.$

(公式一)

利用公式一,可以把求任意角的三角函数值,转化为求 0°到 360°角的三角函数值.

**例 3** 确定下列三角函数值的符号:

(1) $\sin\left(-\dfrac{\pi}{4}\right)$;  (2) $\cos 250°$;  (3) $\tan\left(-\dfrac{11\pi}{6}\right)$.

**解**:(1) 因为 $-\dfrac{\pi}{4}$ 是第四象限的角,所以 $\sin\left(-\dfrac{\pi}{4}\right)<0$;

(2) 因为 $250°$ 是第三象限的角,所以 $\cos 250°<0$;

(3) 因为 $-\dfrac{11\pi}{6}=-2\pi+\dfrac{\pi}{6}$ 是第一象限的角,所以 $\tan\left(-\dfrac{11\pi}{6}\right)>0$.

**例 4** 求下列三角函数值:

(1) $\sin 390°$;  (2) $\cos 1\,129°50'$;  (3) $\tan\dfrac{13\pi}{6}$.

5.4 三角函数

解：(1) $\sin 390° = \sin(30° + 360°) = \sin 30° = \dfrac{1}{2}$；

(2) $\cos 1\,129°50' = \cos(49°50' + 3 \cdot 360°) = \cos 49°50' = 0.645\,0$；

(3) $\tan \dfrac{13\pi}{6} = \tan\left(\dfrac{\pi}{6} + 2\pi\right) = \tan \dfrac{\pi}{6} = \dfrac{\sqrt{3}}{3}$.

在三角函数中，角和三角函数值的对应关系是多值对应关系，即给定一个角，它的三角函数值是惟一的(除不存在的情况)，如 $\alpha = 0°$，$\sin 0° = 0$；反过来，给定一个三角函数值，就有无穷多个角和它对应，如 $\sin \alpha = 0$，$\alpha = k \cdot 360°$ 或 $\alpha = k \cdot 360° + 180°\,(k \in \mathbf{Z})$.

1. （口答）设 $\alpha$ 是三角形的一个内角，在 $\sin \alpha$，$\cos \alpha$，$\tan \alpha$ 中，哪些有可能取负值？

2. 确定下列三角函数值的符号：

(1) $\cos \dfrac{16\pi}{5}$；　　　　(2) $\sin\left(-\dfrac{4\pi}{3}\right)$；　　　　(3) $\tan 556°$.

3. 求下列三角函数值：

(1) $\cos 1\,109°$；　　　　(2) $\tan \dfrac{19\pi}{3}$；　　　　(3) $\sin(-1\,050°)$.

4. 选择题：

当 $\alpha$ 为第二象限的角时，$\dfrac{|\sin \alpha|}{\sin \alpha} - \dfrac{\cos \alpha}{|\cos \alpha|}$ 的值是(　　).

A. 1　　　　B. 0　　　　C. 2　　　　D. $-2$

5. 填空题：

(1) 已知 $\sin 2x = 1$，则 $x = $ ＿＿＿＿＿＿＿；

(2) 已知 $\cos\left(2x - \dfrac{\pi}{2}\right) = -1$，则 $x = $ ＿＿＿＿＿＿＿.

6. 已知角 $\alpha$ 的终边上有一点 $P(x, -2)$，且 $|OP| = 4$，求 $x$ 的值.

7. 分别根据下列条件，确定角 $\alpha$ 的终边所在的象限：

(1) $\dfrac{\sin \alpha}{\tan \alpha} < 0$；　　　　(2) $\sin \alpha \cos \alpha > 0$.

## 5.4.2　同角三角函数的基本关系式

当角 $\alpha$ 确定后，$\alpha$ 的正弦、余弦、正切值也随之确定，它们之间有何关系？

根据正弦、余弦、正切函数的定义，

$$\sin^2 \alpha + \cos^2 \alpha = \left(\dfrac{y}{r}\right)^2 + \left(\dfrac{x}{r}\right)^2 = \dfrac{y^2 + x^2}{r^2} = \dfrac{r^2}{r^2} = 1.$$

当 $\alpha \neq \dfrac{\pi}{2}+k\pi\,(k\in \mathbf{Z})$ 时，

$$\tan\alpha = \dfrac{y}{x} = \dfrac{\dfrac{y}{r}}{\dfrac{x}{r}} = \dfrac{\sin\alpha}{\cos\alpha}.$$

由此可得下列同角三角函数之间的基本关系：

$$\sin^2\alpha + \cos^2\alpha = 1,$$
$$\tan\alpha = \dfrac{\sin\alpha}{\cos\alpha}.$$

**例 1** 已知 $\sin\alpha = \dfrac{3}{5}$，并且 $\alpha$ 是第二象限角，求 $\cos\alpha$，$\tan\alpha$ 的值.

**解**：因为 $\sin^2\alpha + \cos^2\alpha = 1$，所以

$$\cos^2\alpha = 1 - \sin^2\alpha = 1 - \left(\dfrac{3}{5}\right)^2 = \dfrac{16}{25}.$$

又因为 $\alpha$ 是第二象限角，所以 $\cos\alpha < 0$. 于是

$$\cos\alpha = -\sqrt{\dfrac{16}{25}} = -\dfrac{4}{5}.$$

从而

$$\tan\alpha = \dfrac{\sin\alpha}{\cos\alpha} = \dfrac{3}{5} \div \left(-\dfrac{4}{5}\right) = \dfrac{3}{5} \times \left(-\dfrac{5}{4}\right) = -\dfrac{3}{4}.$$

**例 2** 已知 $\cos\theta = \dfrac{1}{2}$，求 $\sin\theta$，$\tan\theta$ 的值.

**解**：因为 $\cos\theta = \dfrac{1}{2} > 0$，所以 $\theta$ 是第一或第四象限角.

如果 $\theta$ 是第一象限角，那么

$$\sin\theta = \sqrt{1-\cos^2\theta} = \sqrt{1-\left(\dfrac{1}{2}\right)^2} = \dfrac{\sqrt{3}}{2},$$

$$\tan\theta = \dfrac{\sin\theta}{\cos\theta} = \dfrac{\sqrt{3}}{2} \div \dfrac{1}{2} = \dfrac{\sqrt{3}}{2} \times 2 = \sqrt{3};$$

如果 $\theta$ 是第四象限角，那么

$$\sin\theta = -\dfrac{\sqrt{3}}{2},$$
$$\tan\theta = -\sqrt{3}.$$

**例 3** 化简 $\tan\alpha \sqrt{\dfrac{1}{\sin^2\alpha}-1}$，其中 $\alpha$ 是第二象限角.

**解**：因为 $\alpha$ 是第二象限角，所以 $\sin\alpha > 0$，$\cos\alpha < 0$，故

$$\tan\alpha \sqrt{\dfrac{1}{\sin^2\alpha}-1} = \tan\alpha \sqrt{\dfrac{1-\sin^2\alpha}{\sin^2\alpha}}$$

$$= \tan \alpha \sqrt{\frac{\cos^2 \alpha}{\sin^2 \alpha}} = \frac{\sin \alpha}{\cos \alpha} \cdot \frac{|\cos \alpha|}{|\sin \alpha|}$$

$$= \frac{\sin \alpha}{\cos \alpha} \cdot \frac{-\cos \alpha}{\sin \alpha} = -1.$$

 **例 4** 求证：$\dfrac{\sin \alpha}{1+\cos \alpha} = \dfrac{1-\cos \alpha}{\sin \alpha}$.

**证法 1**：因为

$$\frac{\sin \alpha}{1+\cos \alpha} - \frac{1-\cos \alpha}{\sin \alpha} = \frac{\sin^2 \alpha - (1-\cos^2 \alpha)}{(1+\cos \alpha)\sin \alpha} = 0,$$

所以

$$\frac{\sin \alpha}{1+\cos \alpha} = \frac{1-\cos \alpha}{\sin \alpha}.$$

**证法 2**：因为

$$(1+\cos \alpha)(1-\cos \alpha) = 1-\cos^2 \alpha = \sin^2 \alpha,$$

又因为 $1+\cos \alpha \neq 0$，$\sin \alpha \neq 0$，

所以

$$\frac{\sin \alpha}{1+\cos \alpha} = \frac{1-\cos \alpha}{\sin \alpha}.$$

 1. 已知 $\cos \alpha = -\dfrac{4}{5}$，且 $\alpha$ 为第三象限角，求 $\sin \alpha$，$\tan \alpha$ 的值.

2. 已知 $\sin \alpha = -\dfrac{1}{2}$，求 $\cos \alpha$，$\tan \alpha$ 的值.

3. 化简：

(1) $\cos \alpha \cdot \tan \alpha$；　　　　(2) $\dfrac{2\cos^2 \alpha - 1}{1 - 2\sin^2 \alpha}$.

4. 求证：

(1) $1 + \tan^2 \alpha = \dfrac{1}{\cos^2 \alpha}$；

(2) $\sin^4 \alpha - \cos^4 \alpha = \sin^2 \alpha - \cos^2 \alpha$；

(3) $\tan^2 \alpha \sin^2 \alpha = \tan^2 \alpha - \sin^2 \alpha$.

## 5.4.3　诱导公式

**问题**

我们知道，锐角的三角函数值容易求出.利用公式一，可以把任意角的三角函数值化成 $0°$ 到 $360°$ 角的三角函数值，那么如何求出 $90°$ 到 $360°$ 角的三角函数值呢？

设 $0° < \alpha < 90°$，那么

90°到180°间的角,可以写成180°－α;

180°到270°间的角,可以写成180°＋α;

270°到360°间的角,可以写成360°－α.

角180°＋α的终边与角α的终边具有怎样的关系?它们的三角函数值又具有怎样的关系?

下面先讨论－α的三角函数值与α的三角函数值的关系,为了讨论具有一般性,假定α为任意角.

如图5－4－4,已知任意角α的终边与单位圆(以原点为圆心,等于单位长的线段为半径的圆)的交点为$P(x,y)$,－α的终边与单位圆的交点为$P'$,因为α的终边与－α的终边关于$x$轴对称,所以$P'$的坐标为$(x,-y)$.又因为单位圆的半径$r=1$,由正弦函数、余弦函数的定义,得

$$\sin\alpha=y,\cos\alpha=x,$$
$$\sin(-\alpha)=-y,\cos(-\alpha)=x.$$

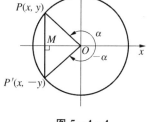

图5－4－4

所以

$$\sin(-\alpha)=-\sin\alpha,\cos(-\alpha)=\cos\alpha,$$
$$\tan(-\alpha)=\frac{\sin(-\alpha)}{\cos(-\alpha)}=\frac{-\sin\alpha}{\cos\alpha}=-\tan\alpha.$$

于是我们得到一组公式(公式二):

$$\sin(-\alpha)=-\sin\alpha,$$
$$\cos(-\alpha)=\cos\alpha, \quad \text{(公式二)}$$
$$\tan(-\alpha)=-\tan\alpha.$$

公式二可以将任意负角的三角函数转化成正角的三角函数.

下面再讨论180°＋α角的三角函数值与任意角α的三角函数值的关系.

如图5－4－5,已知任意角α的终边与单位圆的交点为$P(x,y)$,因为180°＋α的终边与α的终边关于原点对称,所以$P'$的坐标为$(-x,-y)$.又因为单位圆的半径$r=1$,由正弦函数、余弦函数的定义,

$$\sin\alpha=y,\cos\alpha=x,$$
$$\sin(180°+\alpha)=-y,\cos(180°+\alpha)=-x.$$

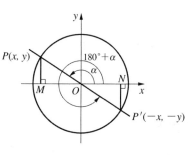

图5－4－5

所以

$$\sin(180°+\alpha)=-\sin\alpha,\cos(180°+\alpha)=-\cos\alpha,$$
$$\tan(180°+\alpha)=\frac{\sin(180°+\alpha)}{\cos(180°+\alpha)}=\frac{-\sin\alpha}{-\cos\alpha}=\tan\alpha.$$

于是我们得到一组公式(公式三)：

$$\sin(180°+\alpha) = -\sin\alpha,$$
$$\cos(180°+\alpha) = -\cos\alpha,$$ （公式三）
$$\tan(180°+\alpha) = \tan\alpha.$$

公式三可以将(180°, 270°)范围内的角的三角函数转化成锐角的三角函数.

**例 1** 求下列三角函数值：

(1) $\sin\left(-\dfrac{\pi}{6}\right)$;    (2) $\cos 225°$;    (3) $\cos\left(-\dfrac{7\pi}{6}\right)$.

**解**：(1) $\sin\left(-\dfrac{\pi}{6}\right) = -\sin\dfrac{\pi}{6} = -\dfrac{1}{2}$;

(2) $\cos 225° = \cos(180°+45°) = -\cos 45° = -\dfrac{\sqrt{2}}{2}$;

(3) $\cos\left(-\dfrac{7\pi}{6}\right) = \cos\dfrac{7\pi}{6} = \cos\left(\pi+\dfrac{\pi}{6}\right) = -\cos\dfrac{\pi}{6} = -\dfrac{\sqrt{3}}{2}$.

**例 2** 化简 $\dfrac{\sin(180°+\alpha)\cdot\cos(-\alpha)}{\cos(-\alpha-180°)\cdot\sin(\alpha+360°)}$.

**解**：$\dfrac{\sin(180°+\alpha)\cdot\cos(-\alpha)}{\cos(-\alpha-180°)\cdot\sin(\alpha+360°)} = \dfrac{-\sin\alpha\cdot\cos\alpha}{\cos[-(180°+\alpha)]\cdot\sin\alpha}$

$= \dfrac{-\cos\alpha}{\cos(180°+\alpha)} = \dfrac{-\cos\alpha}{-\cos\alpha} = 1.$

利用公式二和公式三，可以推出180°−α与α的三角数值之间的关系：

$$\sin(180°-\alpha) = \sin[180°+(-\alpha)] = -\sin(-\alpha) = \sin\alpha.$$
$$\cos(180°-\alpha) = \cos[180°+(-\alpha)] = -\cos(-\alpha) = -\cos\alpha.$$
$$\tan(180°-\alpha) = \tan[180°+(-\alpha)] = \tan(-\alpha) = -\tan\alpha.$$

于是我们又得到一组公式(公式四)：

$$\sin(180°-\alpha) = \sin\alpha,$$
$$\cos(180°-\alpha) = -\cos\alpha,$$ （公式四）
$$\tan(180°-\alpha) = -\tan\alpha.$$

公式四可以将(90°, 180°)范围内的角的三角函数转化为锐角的三角函数.

利用公式一和公式二还可以得到360°−α与α的三角函数关系(公式五)：

$$\sin(360°-\alpha) = -\sin\alpha,$$
$$\cos(360°-\alpha) = \cos\alpha,$$ （公式五）
$$\tan(360°-\alpha) = -\tan\alpha.$$

公式五可以将(270°, 360°)范围内的角的三角函数转化为锐角的三角函数.

**思考**

角 $180°-\alpha$ 的终边与角 $\alpha$ 的终边具有怎样的关系?

公式一、二、三、四、五都叫做诱导公式,概括为:$\alpha+k\cdot 360°(k\in \mathbf{Z})$,$-\alpha$,$180°\pm\alpha$,$360°-\alpha$ 的三角函数值等于任意角 $\alpha$ 的同名函数值,前面加上把 $\alpha$ 看成锐角时原函数值的符号.

**例3** 求下列三角函数值:

(1) $\cos(-150°)$; (2) $\sin\dfrac{3\pi}{4}$; (3) $\sin\left(-\dfrac{23\pi}{6}\right)$.

**解**:(1) $\cos(-150°) = \cos 150° = \cos(180°-30°)$
$$= -\cos 30°$$
$$= -\dfrac{\sqrt{3}}{2};$$

(2) $\sin\dfrac{3\pi}{4} = \sin\left(\pi-\dfrac{\pi}{4}\right) = \sin\dfrac{\pi}{4} = \dfrac{\sqrt{2}}{2};$

(3) $\sin\left(-\dfrac{23\pi}{6}\right) = \sin\left(\dfrac{\pi}{6}-2\times 2\pi\right)$
$$= \sin\dfrac{\pi}{6}$$
$$= \dfrac{1}{2}.$$

**例4** 化简 $\dfrac{\cos(\alpha-\pi)\cos(-\alpha)}{\sin(\pi+\alpha)}\cdot \sin(\alpha-2\pi)\cdot \cos(2\pi-\alpha)$.

**解**:$\dfrac{\cos(\alpha-\pi)\cos(-\alpha)}{\sin(\pi+\alpha)}\cdot \sin(\alpha-2\pi)\cdot \cos(2\pi-\alpha)$

$$= \dfrac{\cos[-(\pi-\alpha)]\cdot \cos\alpha}{-\sin\alpha}\cdot \sin\alpha\cdot \cos\alpha$$

$$= -\cos(\pi-\alpha)\cdot \cos^2\alpha$$

$$= \cos\alpha\cdot \cos^2\alpha$$

$$= \cos^3\alpha.$$

**练习**

1. 求下列三角函数值:

(1) $\tan 210°$; (2) $\cos\dfrac{4}{3}\pi$; (3) $\sin 3\pi$.

2. 求下列三角函数值:

(1) $\cos(-420°)$; (2) $\tan(-750°)$; (3) $\sin(-1\,140°)$.

3. 化简:

(1) $\dfrac{\sin(180°+\alpha)\cos(-\alpha)}{\tan(-180°-\alpha)}$;

(2) $\sin^3(-\alpha)\cos(\alpha+2\pi)\tan(-\alpha-\pi)$.

5.4 三角函数

4. 填写下表：

表 5-4-3

| $\alpha$ | $\sin\alpha$ | $\cos\alpha$ | $\tan\alpha$ |
| --- | --- | --- | --- |
| $-\dfrac{\pi}{3}$ |  |  |  |
| $\dfrac{2\pi}{3}$ |  |  |  |
| $\dfrac{4\pi}{3}$ |  |  |  |
| $\dfrac{5\pi}{3}$ |  |  |  |
| $\dfrac{7\pi}{3}$ |  |  |  |

5. 求下列三角函数值：

(1) $\cos\dfrac{65}{6}\pi$；    (2) $\sin\left(-\dfrac{31}{4}\pi\right)$；    (3) $\tan(-1\,596°)$．

6. 化简：

(1) $\dfrac{\cos(\alpha-\pi)\tan(\alpha-2\pi)}{\sin(\pi-\alpha)}$；

(2) $\dfrac{\cos(2\pi-\alpha)\sin(\pi+\alpha)}{\tan(3\pi-\alpha)\cos\alpha}$．

## 5.4.4 两角和的三角函数

**问题**

在研究三角函数时，我们还经常遇到这样的问题：已知角 $\alpha$，$\beta$ 的三角函数值，如何求出 $\alpha+\beta$，$\alpha-\beta$ 或 $2\alpha$ 的三角函数值？

下面我们先引出平面内两点间的距离公式，并从两角和的余弦公式谈起．

在初中已经求过数轴上两点间的距离，知道这实际上就是求数轴上这两点所表示的两个数的差的绝对值．现在考虑坐标平面内的任意两点 $P_1(x_1, y_1)$，$P_2(x_2, y_2)$（如图 5-4-6），从点 $P_1$，$P_2$ 分别作 $x$ 轴的垂线 $P_1M_1$，$P_2M_2$，与 $x$ 轴交于点 $M_1(x_1, 0)$，$M_2(x_2, 0)$；再从点 $P_1$，$P_2$ 分别作 $y$ 轴的垂线 $P_1N_1$，$P_2N_2$，与 $y$ 轴交于点 $N_1(0, y_1)$，$N_2(0, y_2)$，直线 $P_1N_1$ 与 $P_2M_2$ 相交于点 $Q$．那么

$$P_1Q = M_1M_2 = |x_2 - x_1|,$$
$$QP_2 = N_1N_2 = |y_2 - y_1|.$$

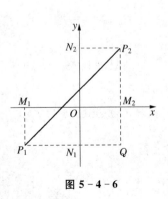

图 5-4-6

于是由勾股定理，可得

$$P_1P_2^2 = P_1Q^2 + QP_2^2$$
$$= |x_2 - x_1|^2 + |y_2 - y_1|^2$$
$$= (x_2 - x_1)^2 + (y_2 - y_1)^2.$$

由此得到平面内 $P_1(x_1, y_1)$，$P_2(x_2, y_2)$ 两点间的距离公式

$$\boxed{P_1P_2 = \sqrt{(x_2 - x_1)^2 + (y_2 - y_1)^2}.}$$

接下来，我们运用两点间的距离公式，来探求 $\cos(\alpha+\beta)$ 与 $\alpha$，$\beta$ 的三角函数之间的关系.

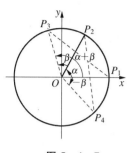

图 5-4-7

如图 5-4-7 所示，在直角坐标系 $xOy$ 中，作单位圆 $O$，并设 $\alpha$，$\beta$ 为任意给定的角；$\alpha$ 角的始边为 $Ox$，交圆 $O$ 于 $P_1$，终边交圆 $O$ 于 $P_2$；$\beta$ 角的始边为 $OP_2$，终边交圆 $O$ 于 $P_3$；又 $-\beta$ 角的始边为 $OP_1$，终边交圆 $O$ 于 $P_4$. 这时，$P_1$，$P_2$，$P_3$，$P_4$ 的坐标分别是：$P_1(1, 0)$；$P_2(\cos\alpha, \sin\alpha)$；$P_3(\cos(\alpha+\beta), \sin(\alpha+\beta))$；$P_4(\cos(-\beta), \sin(-\beta))$.

因为 $P_1P_3 = P_2P_4$，由两点间的距离公式，得 $[\cos(\alpha+\beta) - 1]^2 + \sin^2(\alpha+\beta) = [\cos(-\beta) - \cos\alpha]^2 + [\sin(-\beta) - \sin\alpha]^2$.

展开整理后得两角和的余弦公式 $C_{(\alpha+\beta)}$：

$$\boxed{\cos(\alpha+\beta) = \cos\alpha\cos\beta - \sin\alpha\sin\beta.}$$

### 问题

你认为 $\cos(60° + 30°)$ 与 $\cos 60° + \cos 30°$ 一样吗？

**例1** 求 $\cos 75°$.

**解**：$\cos 75° = \cos(45° + 30°)$
$= \cos 45° \cos 30° - \sin 45° \sin 30°$
$= \dfrac{\sqrt{2}}{2} \cdot \dfrac{\sqrt{3}}{2} - \dfrac{\sqrt{2}}{2} \cdot \dfrac{1}{2}$
$= \dfrac{\sqrt{6} - \sqrt{2}}{4}.$

**例2** 已知 $\sin\alpha = \dfrac{2}{3}$，$\cos\beta = -\dfrac{3}{4}$，且 $\alpha$，$\beta$ 都是第二象限角，求 $\cos(\alpha+\beta)$ 的值.

**解**：由 $\sin\alpha = \dfrac{2}{3}$，$\alpha$ 是第二象限角，得

$$\cos\alpha = -\sqrt{1 - \sin^2\alpha} = -\sqrt{1 - \left(\dfrac{2}{3}\right)^2} = -\dfrac{\sqrt{5}}{3};$$

又由 $\cos\beta = -\dfrac{3}{4}$，$\beta$ 是第二象限角，得

$$\sin\beta = \sqrt{1 - \cos^2\beta} = \sqrt{1 - \left(-\dfrac{3}{4}\right)^2} = \dfrac{\sqrt{7}}{4}.$$

5.4 三角函数

所以

$$\cos(\alpha+\beta) = \cos\alpha\cos\beta - \sin\alpha\sin\beta$$
$$= \left(-\frac{\sqrt{5}}{3}\right)\cdot\left(-\frac{3}{4}\right) - \frac{2}{3}\cdot\frac{\sqrt{7}}{4}$$
$$= \frac{3\sqrt{5}-2\sqrt{7}}{12}.$$

**例 3** 证明：对于任意角 $\alpha$，有下列公式

$$\cos\left(\frac{\pi}{2}-\alpha\right) = \sin\alpha,$$
$$\sin\left(\frac{\pi}{2}-\alpha\right) = \cos\alpha.$$

证明：$\cos\left(\frac{\pi}{2}-\alpha\right) = \cos\left[\frac{\pi}{2}+(-\alpha)\right]$

$$= \cos\frac{\pi}{2}\cos(-\alpha) - \sin\frac{\pi}{2}\sin(-\alpha)$$
$$= 0\cdot\cos\alpha - 1\cdot(-\sin\alpha)$$
$$= \sin\alpha.$$

再把这个式子中的 $\frac{\pi}{2}-\alpha$ 换成 $\alpha$，可得

$$\cos\alpha = \sin\left(\frac{\pi}{2}-\alpha\right).$$

所以，上述两个公式，对于任意角 $\alpha$ 都成立.

运用公式 $C_{(\alpha+\beta)}$ 和例 3 的结论，便可得到

$$\sin(\alpha+\beta) = \cos\left[\frac{\pi}{2}-(\alpha+\beta)\right]$$
$$= \cos\left[\left(\frac{\pi}{2}-\alpha\right)-\beta\right]$$
$$= \cos\left(\frac{\pi}{2}-\alpha\right)\cos\beta + \sin\left(\frac{\pi}{2}-\alpha\right)\sin\beta$$
$$= \sin\alpha\cos\beta + \cos\alpha\sin\beta.$$

于是，我们有两角和的正弦公式 $S_{(\alpha+\beta)}$：

$$\sin(\alpha+\beta) = \sin\alpha\cos\beta + \cos\alpha\sin\beta.$$

**例 4** 求 $\sin 105°$ 的值.

解：$\sin 105° = \sin(60°+45°)$

$$= \sin 60°\cos 45° + \cos 60°\sin 45°$$
$$= \frac{\sqrt{3}}{2}\cdot\frac{\sqrt{2}}{2} + \frac{1}{2}\cdot\frac{\sqrt{2}}{2} = \frac{\sqrt{6}+\sqrt{2}}{4}.$$

**例 5** 求证：$\cos\alpha + \sqrt{3}\sin\alpha = 2\sin\left(\dfrac{\pi}{6} + \alpha\right)$.

**分析**：我们知道，证明恒等式可以把等号左边变形为右边，也可以把等号右边变形为左边．对于上式，可以利用 $S_{(\alpha+\beta)}$ 把等式右边进行变形.

**证法 1**：

$$右 = 2\left(\sin\dfrac{\pi}{6}\cos\alpha + \cos\dfrac{\pi}{6}\sin\alpha\right) = 2\left(\dfrac{1}{2}\cos\alpha + \dfrac{\sqrt{3}}{2}\sin\alpha\right)$$

$$= \cos\alpha + \sqrt{3}\sin\alpha = 左边,$$

所以，原式成立．

**证法 2**：

$$左 = 2\left(\dfrac{1}{2}\cos\alpha + \dfrac{\sqrt{3}}{2}\sin\alpha\right) = 2\left(\sin\dfrac{\pi}{6}\cos\alpha + \cos\dfrac{\pi}{6}\sin\alpha\right)$$

$$= 2\sin\left(\dfrac{\pi}{6} + \alpha\right) = 右边,$$

所以，原式成立．

因为 $\tan(\alpha+\beta) = \dfrac{\sin(\alpha+\beta)}{\cos(\alpha+\beta)} = \dfrac{\sin\alpha\cos\beta + \cos\alpha\sin\beta}{\cos\alpha\cos\beta - \sin\alpha\sin\beta}$,

当 $\cos\alpha\cos\beta \neq 0$ 时，分子、分母都除以 $\cos\alpha\cos\beta$，从而得到两角和的正切公式 $T_{(\alpha+\beta)}$:

$$\boxed{\tan(\alpha+\beta) = \dfrac{\tan\alpha + \tan\beta}{1 - \tan\alpha\tan\beta}.}$$

 **例 6** 求 $\tan 75°$ 的值.

**解**：$\tan 75° = \tan(45° + 30°) = \dfrac{\tan 45° + \tan 30°}{1 - \tan 45°\tan 30°}$

$$= \dfrac{1 + \dfrac{\sqrt{3}}{3}}{1 - 1\times\dfrac{\sqrt{3}}{3}} = \dfrac{3 + \sqrt{3}}{3 - \sqrt{3}} = 2 + \sqrt{3}.$$

 **例 7** 计算 $\dfrac{1 + \tan 15°}{1 - \tan 15°}$ 的值.

**分析**：因为 $\tan 45° = 1$，所以原式可以看成是

$$\dfrac{\tan 45° + \tan 15°}{1 - \tan 45°\tan 15°}$$

的形式，然后用两角和的正切公式，把上式化成

$$\tan(45° + 15°),$$

而 $45° + 15° = 60°$ 是特殊角，可以求出它的正切值．

**解**：$\dfrac{1 + \tan 15°}{1 - \tan 15°} = \dfrac{\tan 45° + \tan 15°}{1 - \tan 45°\tan 15°} = \tan(45° + 15°)$

$= \tan 60° = \sqrt{3}$.

1. 等式 $\sin(\alpha+\beta) = \sin\alpha + \sin\beta$ 成立吗？用 $\alpha = 60°$，$\beta = 30°$ 代入进行检验.

2. 化简：

   (1) $\cos 24° \cos 36° - \cos 66° \cos 54°$；

   (2) $\sin 11° \cos 29° + \cos 11° \sin 29°$；

   (3) $\dfrac{\tan 2\theta + \tan \theta}{1 - \tan 2\theta \tan \theta}$.

3. (1) 已知 $\sin \alpha = \dfrac{5}{13}$，$\alpha \in \left(\dfrac{\pi}{2}, \pi\right)$，求 $\cos\left(\dfrac{\pi}{3} + \alpha\right)$；

   (2) 已知 $\cos \alpha = \dfrac{8}{17}$，$\alpha \in \left(\dfrac{3\pi}{2}, 2\pi\right)$，求 $\sin\left(\alpha + \dfrac{\pi}{6}\right)$.

4. (1) 已知 $\sin \alpha = \dfrac{2}{3}$，$\alpha \in \left(\dfrac{\pi}{2}, \pi\right)$，$\cos \beta = -\dfrac{3}{5}$，$\beta \in \left(\pi, \dfrac{3\pi}{2}\right)$，求 $\cos(\alpha + \beta)$；

   (2) 已知 $\alpha$，$\beta$ 都是锐角，$\sin \alpha = \dfrac{3}{5}$，$\cos \beta = \dfrac{5}{13}$，求 $\sin(\alpha+\beta)$ 的值.

5. 下面式子中不正确的是（　　）．

   A. $\sin\left(\dfrac{\pi}{4} + \dfrac{\pi}{3}\right) = \sin\dfrac{\pi}{4}\cos\dfrac{\pi}{3} + \dfrac{\sqrt{3}}{2}\cos\dfrac{\pi}{4}$

   B. $\cos\dfrac{7\pi}{12} = \cos\dfrac{\pi}{4}\cos\dfrac{\pi}{3} - \dfrac{\sqrt{2}}{2}\sin\dfrac{\pi}{3}$

   C. $\cos\left(-\dfrac{\pi}{12}\right) = \cos\dfrac{\pi}{4}\cos\dfrac{\pi}{3} + \dfrac{\sqrt{6}}{4}$

   D. $\cos\dfrac{\pi}{12} = \cos\dfrac{\pi}{3} - \cos\dfrac{\pi}{4}$

6. 利用两角和的正弦、余弦公式证明：

   (1) $\sin(\pi + \alpha) = -\sin\alpha$；　　(2) $\cos(\pi + \alpha) = -\cos\alpha$；

   (3) $\sin\left(\dfrac{\pi}{2} + \alpha\right) = \cos\alpha$；　　(4) $\cos\left(\dfrac{\pi}{2} + \alpha\right) = -\sin\alpha$.

## *5.4.5　两角差的三角函数

如果在上一节两角和的三角函数公式 $S_{(\alpha+\beta)}$、$C_{(\alpha+\beta)}$ 和 $T_{(\alpha+\beta)}$ 中，分别用 $-\beta$ 代替 $\beta$，会怎样？

一般地，两角差的正弦 $S_{(\alpha-\beta)}$、余弦 $C_{(\alpha-\beta)}$ 和正切 $T_{(\alpha-\beta)}$ 公式是：

$$\sin(\alpha - \beta) = \sin\alpha\cos\beta - \cos\alpha\sin\beta; \qquad S_{(\alpha-\beta)}$$

$$\cos(\alpha - \beta) = \cos\alpha\cos\beta + \sin\alpha\sin\beta; \qquad C_{(\alpha-\beta)}$$

$$\tan(\alpha - \beta) = \dfrac{\tan\alpha - \tan\beta}{1 + \tan\alpha\tan\beta}. \qquad T_{(\alpha-\beta)}$$

**例 1** 求 $\cos 15°$ 的值.

**解**：$\cos 15° = \cos(45° - 30°)$

$= \cos 45° \cos 30° + \sin 45° \sin 30°$

$= \dfrac{\sqrt{2}}{2} \cdot \dfrac{\sqrt{3}}{2} + \dfrac{\sqrt{2}}{2} \cdot \dfrac{1}{2} = \dfrac{\sqrt{6} + \sqrt{2}}{4}.$

**例 2** 已知 $\cos \theta = -\dfrac{3}{5}$，$\theta \in \left(\dfrac{\pi}{2}, \pi\right)$，求 $\sin\left(\theta - \dfrac{\pi}{3}\right)$ 的值.

**解**：由 $\cos \theta = -\dfrac{3}{5}$，$\theta \in \left(\dfrac{\pi}{2}, \pi\right)$，得

$$\sin \theta = \sqrt{1 - \cos^2 \theta} = \sqrt{1 - \left(-\dfrac{3}{5}\right)^2} = \dfrac{4}{5},$$

所以

$$\sin\left(\theta - \dfrac{\pi}{3}\right) = \sin \theta \cos \dfrac{\pi}{3} - \cos \theta \sin \dfrac{\pi}{3}$$

$$= \dfrac{4}{5} \cdot \dfrac{1}{2} - \left(-\dfrac{3}{5}\right) \cdot \dfrac{\sqrt{3}}{2}$$

$$= \dfrac{4 + 3\sqrt{3}}{10}.$$

**例 3** 已知 $\tan \alpha = 3$，求 $\tan\left(\alpha - \dfrac{\pi}{4}\right)$ 的值.

**解**：$\tan\left(\alpha - \dfrac{\pi}{4}\right) = \dfrac{\tan \alpha - \tan \dfrac{\pi}{4}}{1 + \tan \alpha \tan \dfrac{\pi}{4}} = \dfrac{3 - 1}{1 + 3 \times 1} = \dfrac{1}{2}.$

1. 求下列三角函数的值：

   (1) $\sin 15°$；　　　　　　　　(2) $\cos 165°$.

2. 求证：

   (1) $\cos\left(\dfrac{3}{2}\pi - \alpha\right) = -\sin \alpha$；

   (2) $\sin\left(\dfrac{3}{2}\pi - \alpha\right) = -\cos \alpha$.

3. 化简：

   (1) $\sin 69° \cos 24° - \cos 69° \sin 24°$；

   (2) $\cos 87° \cos 27° + \sin 87° \sin 153°$.

4. 已知 $\tan \alpha = -2$，$\tan \beta = 2$，求 $\tan(\alpha - \beta)$ 的值.

5. (1) 已知 $\cos \theta = -\dfrac{5}{13}$，$\theta \in \left(\dfrac{\pi}{2}, \pi\right)$，求 $\sin\left(\theta - \dfrac{\pi}{6}\right)$；

   (2) 已知 $\sin \alpha = \dfrac{3}{5}$，$\alpha \in \left(\dfrac{\pi}{2}, \pi\right)$，$\cos \beta = -\dfrac{1}{2}$，$\beta \in \left(\pi, \dfrac{3\pi}{2}\right)$，

   求 $\cos(\alpha - \beta)$.

## 5.4.6 二倍角的三角函数

**问题**

角 $\alpha$ 的三角函数与角 $2\alpha$ 的三角函数之间有怎样的关系?

事实上,只要在 $S_{(\alpha+\beta)}$, $C_{(\alpha+\beta)}$, $T_{(\alpha+\beta)}$ 公式中,令 $\beta = \alpha$,就可以得到下面的公式:

$$\sin 2\alpha = 2\sin\alpha\cos\alpha; \quad S_{2\alpha}$$
$$\cos 2\alpha = \cos^2\alpha - \sin^2\alpha; \quad C_{2\alpha}$$
$$\tan 2\alpha = \frac{2\tan\alpha}{1-\tan^2\alpha}. \quad T_{2\alpha}$$

其中,公式 $C_{2\alpha}$ 还可以利用平方关系变形为

$$\cos 2\alpha = 2\cos^2\alpha - 1 = 1 - 2\sin^2\alpha. \quad C_{2\alpha}$$

以上公式都叫做二倍角公式.二倍角公式是两角和公式的特例.
有了二倍角公式,就可以用角 $\alpha$ 的三角函数表示 $2\alpha$ 的三角函数.

**例1** 已知 $\cos\alpha = \dfrac{1}{3}$,$\alpha \in \left(\dfrac{3\pi}{2}, 2\pi\right)$,求 $\sin 2\alpha$,$\cos 2\alpha$,$\tan 2\alpha$ 的值.

**解:** 因为 $\cos\alpha = \dfrac{1}{3}$,$\alpha \in \left(\dfrac{3\pi}{2}, 2\pi\right)$,所以

$$\sin\alpha = -\sqrt{1-\cos^2\alpha} = -\sqrt{1-\left(\dfrac{1}{3}\right)^2} = -\dfrac{2\sqrt{2}}{3},$$

于是

$$\sin 2\alpha = 2\sin\alpha\cos\alpha = 2\times\left(-\dfrac{2\sqrt{2}}{3}\right)\times\dfrac{1}{3} = -\dfrac{4\sqrt{2}}{9},$$

$$\cos 2\alpha = 2\cos^2\alpha - 1 = 2\times\left(\dfrac{1}{3}\right)^2 - 1 = -\dfrac{7}{9},$$

$$\tan 2\alpha = \dfrac{\sin 2\alpha}{\cos 2\alpha} = \left(-\dfrac{4\sqrt{2}}{9}\right) \div \left(-\dfrac{7}{9}\right) = \dfrac{4\sqrt{2}}{9}\times\dfrac{9}{7} = \dfrac{4\sqrt{2}}{7}.$$

**例2** 利用二倍角公式,求下列各式的值:

(1) $2\sin 15°\cos 15°$;

(2) $\sin^2\dfrac{\pi}{8} - \cos^2\dfrac{\pi}{8}$;

(3) $\dfrac{2\tan 150°}{1-\tan^2 150°}$.

解:(1) $2\sin 15°\cos 15°=\sin(2\times 15°)=\sin 30°=\dfrac{1}{2}$;

(2) $\sin^2\dfrac{\pi}{8}-\cos^2\dfrac{\pi}{8}=-\left(\cos^2\dfrac{\pi}{8}-\sin^2\dfrac{\pi}{8}\right)$

$=-\cos\left(2\times\dfrac{\pi}{8}\right)$

$=-\cos\dfrac{\pi}{4}=-\dfrac{\sqrt{2}}{2}$;

(3) $\dfrac{2\tan 150°}{1-\tan^2 150°}=\tan(2\times 150°)$

$=\tan 300°=\tan(360°-60°)$

$=-\tan 60°=-\sqrt{3}$.

 **例3** 如图5-4-8所示,在△ABC中,已知AB = AC = 2BC,求角A的正弦、余弦和正切.

解:在△ABC中,作AD⊥BC,设∠CAD=α,则

$$\angle A=2\alpha.$$

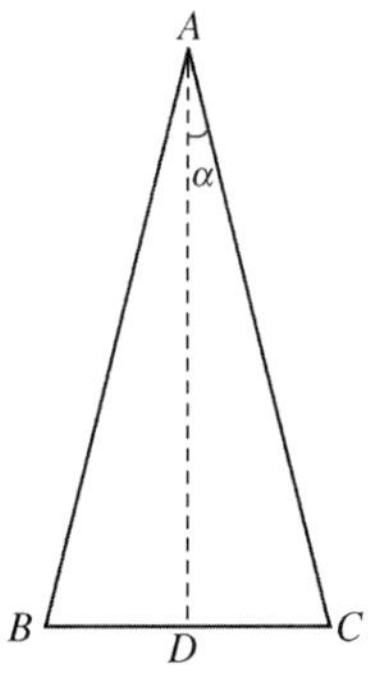

因为$CD=\dfrac{1}{2}BC=\dfrac{1}{4}AC$,所以$\sin\alpha=\dfrac{CD}{AC}=\dfrac{1}{4}$.

又因为$0<2\alpha<\pi$,即$0<\alpha<\dfrac{\pi}{2}$,所以

$$\cos\alpha=\sqrt{1-\sin^2\alpha}=\sqrt{1-\left(\dfrac{1}{4}\right)^2}=\dfrac{\sqrt{15}}{4},$$

于是

$$\sin A=\sin 2\alpha=2\sin\alpha\cos\alpha=\dfrac{\sqrt{15}}{8},$$

$$\cos A=\cos 2\alpha=1-2\sin^2\alpha=\dfrac{7}{8},$$

$$\tan A=\dfrac{\sin A}{\cos A}=\dfrac{\sqrt{15}}{7}.$$

图 5-4-8

 **练习**

1. 利用二倍角公式,求下列各式的值:

(1) $2\sin 67°30'\cos 67°30'$;  (2) $2\cos^2\dfrac{\pi}{12}-1$;

(3) $\dfrac{2\tan 22.5°}{1-\tan^2 22.5°}$;  (4) $1-\sin^2 750°$.

2. 化简:

(1) $\cos^4\alpha-\sin^4\alpha$;  (2) $\dfrac{1}{1-\tan\theta}-\dfrac{1}{1+\tan\theta}$.

3. 求证:

(1) $\sin^2\theta=\dfrac{1-\cos 2\theta}{2}$;

(2) $\cos^2\theta=\dfrac{1+\cos 2\theta}{2}$;

(3) $2\sin(\pi+\alpha)\cos(\pi-\alpha)=\sin 2\alpha$.

4. 已知 $\cos\varphi=-\dfrac{\sqrt{3}}{3}$ 且 $180°<\varphi<270°$，求 $\sin 2\varphi$，$\cos 2\varphi$，$\tan 2\varphi$ 的值.

5. (1) 已知 $\cos\alpha=\dfrac{4}{5}$，求 $\sin^4\alpha+\cos^4\alpha$ 的值.

(2) 已知 $\sin\alpha+\cos\alpha=\dfrac{1}{2}$，求 $\sin 2\alpha$ 的值.

## 5.5 习题课 2

**练习引导**

1. 理解任意角的三角函数概念；理解同角三角函数的基本关系；掌握三角函数的诱导公式.

2. 理解两角和、差与二倍角的三角函数公式,在解决实际问题时,会简单运用.

一、基础训练

**分析**：同角三角函数的基本关系是三角函数间最基本最常用的公式,利用它们可以解决三类基本问题：一是已知角的某个三角函数值,求角的其他三角函数值；二是化简三角函数的代数式；三是证明三角恒等式.

1. 下面 4 个命题中正确的是(　　).

　　A. 第一象限的角都是锐角

　　B. 锐角都是第一象限的角

　　C. 终边相同的角一定相等

　　D. 第二象限的角一定大于第一象限的角

2. $\cos 600°$ 的值是(　　).

　　A. $\dfrac{1}{2}$　　B. $-\dfrac{1}{2}$　　C. $\dfrac{\sqrt{3}}{2}$　　D. $-\dfrac{\sqrt{3}}{2}$

3. 已知 $\sin \alpha = -\dfrac{\sqrt{3}}{2}$, 且 $\alpha$ 为第四象限角,求 $\cos \alpha$, $\tan \alpha$ 的值.

4. 已知 $\tan \alpha = -\dfrac{3}{4}$, 求 $\sin \alpha$ 和 $\cos \alpha$.

5. 化简：

　　(1) $\sin^2 190° \cdot \cos^2 190°$;　　(2) $(1+\tan^2 \alpha) \cdot \cos^2 \alpha$.

6. 求下列三角函数值：

　　(1) $\cos 210°$;　　(2) $\tan\left(-\dfrac{17\pi}{4}\right)$.

7. 求证：

　　(1) $\cos\left(\dfrac{3\pi}{2}+\alpha\right) = \sin \alpha$;　　(2) $\sin\left(\dfrac{3\pi}{2}+\alpha\right) = -\cos \alpha$.

8. 已知等腰三角形一个底角的正弦等于 $\dfrac{5}{13}$, 求这个三角形的顶角的正弦和余弦.

二、典型例题

1. 时钟的分针走 12 min 时,时针与分针分别所转的角是多少弧度？

**分析**：分针每走 60 min，时针所转的弧度是 $2\pi \times \dfrac{1}{12}$；分针所转的弧度是 $2\pi$.

**解**：当分针走 12 min 时，时针所转的弧度为 $2\pi \times \dfrac{1}{12} \times \dfrac{12}{60} = \dfrac{\pi}{30}$；分针所转的弧度为 $2\pi \times \dfrac{12}{60} = \dfrac{2\pi}{5}$.

2. 求 $\sin(-1\,035°) + \tan(-750°) + \cos 540°$ 的值.

**分析**：不查表求三角函数值，其途径是利用诱导公式化为特殊角的三角函数求值.

**解**：原式 $= \sin[360° \times (-3) + 45°] + \tan[360° \times (-3) + 330°] + \cos(360° + 180°)$

$= \sin 45° + \tan 330° + \cos 180°$

$= \dfrac{\sqrt{2}}{2} + \tan(360° - 30°) + (-1)$

$= \dfrac{\sqrt{2}}{2} - \tan 30° - 1$

$= \dfrac{\sqrt{2}}{2} - \dfrac{\sqrt{3}}{3} - 1$

$= \dfrac{3\sqrt{2} - 2\sqrt{3} - 6}{6}$.

3. 求证：$\sin 2x = \dfrac{2\tan x}{1 + \tan^2 x}$.

**分析**：本题通常证法是从等式右边推证到左边. 把正切函数化为正弦和余弦函数.

**证明**：右边 $= \dfrac{2\tan x}{1 + \tan^2 x} = \dfrac{2\dfrac{\sin x}{\cos x}}{1 + \left(\dfrac{\sin x}{\cos x}\right)^2} = \dfrac{2\sin x \cos x}{\sin^2 x + \cos^2 x}$

$= \sin 2x = $ 左边.

### 三、巩固提高

1. 选择题：

(1) 角 $\alpha$ 的终边上有一点 $P(-3, 0)$，则角 $\alpha$ 是（　　）.

　　A. 第二象限角

　　B. 第三象限角

　　C. 既是第二象限角又是第三象限角

　　D. 不属于任何象限的角

(2) 与 $330°$ 角终边相同的角是（　　）.

　　A. $-60°$　　B. $-390°$　　C. $390°$　　D. $930°$

(3) 已知 $\sin \alpha = \dfrac{1}{2}$，则 $\cos(2\pi + \alpha) = $（　　）.

　　A. $\pm\dfrac{\sqrt{3}}{2}$　　B. $\pm\dfrac{1}{2}$　　C. $\dfrac{\sqrt{3}}{2}$　　D. $\dfrac{1}{2}$

2. 填空题：

(1) 已知圆的半径为 2，那么弧长为 $\frac{1}{2}$ 的圆弧所对的圆心角为 _____ 弧度，即 _____ 度；

(2) $\sin \frac{\pi}{6} + \cos \frac{13\pi}{3} + \tan\left(-\frac{17\pi}{4}\right) =$ _____ ；

(3) 设 $\sin x = 2\cos x$，那么 $\tan x =$ _____ .

3. 化简：

(1) $\cos(-210°) \cdot \tan(-240°) + \sin(-30°)$；

(2) $\frac{\cos(x-\pi)\tan(5\pi-x)}{\tan(2\pi-x)\sin(-2\pi-x)}$.

4. 已知 $\tan x = 2$，求 $\frac{\sin x + \cos x}{\sin x - \cos x}$ 的值.

5. 求证：

(1) $\sin^2 x + \sin^2 y - \sin^2 x \sin^2 y + \cos^2 x \cos^2 y = 1$；

(2) $\cos x + \sqrt{3}\sin x = 2\sin\left(\frac{\pi}{6} + x\right)$；

(3) $\sin^2 x = \frac{1-\cos 2x}{2}$.

6. 下列各式能否成立？为什么？

(1) $\cos^2 x = 1.5$；

(2) $\sin x + \cos x = 2.5$；

(3) $\sin^3 x = -\frac{\pi}{4}$.

# 5.6 三角函数的图像和性质

## 5.6.1 正弦函数、余弦函数的图像和性质

怎样利用图像更直观地研究三角函数的性质？

我们先用描点法作出正弦函数 $y = \sin x$，$x \in [0, 2\pi]$ 的图像．列表如下（如表 5-6-1）．

表 5-6-1

| $x$ | 0 | $\dfrac{\pi}{6}$ | $\dfrac{\pi}{3}$ | $\dfrac{\pi}{2}$ | $\dfrac{2\pi}{3}$ | $\dfrac{5\pi}{6}$ | $\pi$ |
|---|---|---|---|---|---|---|---|
| $y$ | 0 | $\dfrac{1}{2}$ | $\dfrac{\sqrt{3}}{2}$ | 1 | $\dfrac{\sqrt{3}}{2}$ | $\dfrac{1}{2}$ | 0 |
| $x$ | $\dfrac{7\pi}{6}$ | $\dfrac{4\pi}{3}$ | $\dfrac{3\pi}{2}$ | $\dfrac{5\pi}{3}$ | $\dfrac{11\pi}{6}$ | $2\pi$ | |
| $y$ | $-\dfrac{1}{2}$ | $-\dfrac{\sqrt{3}}{2}$ | $-1$ | $-\dfrac{\sqrt{3}}{2}$ | $-\dfrac{1}{2}$ | 0 | |

把表 5-6-1 中的每一组对应值作为点的坐标，描出各点，再用光滑的曲线把它们顺次连接起来，就得到函数 $y = \sin x$，$x \in [0, 2\pi]$ 的图像，如图 5-6-1 所示．

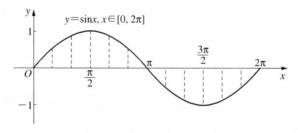

图 5-6-1

因为 $\sin(x + 2k\pi) = \sin x\ (k \in \mathbf{Z})$，所以，函数 $y = \sin x$，$x \in [2\pi, 4\pi]$，$x \in [4\pi, 6\pi]$，…，$x \in [-2\pi, 0]$，…的图像与 $x \in [0, 2\pi]$ 的图像完全一样．我们把 $y = \sin x$，$x \in [0, 2\pi]$ 的图像向左或向右平行移动（每次移动 $2\pi$ 个单位长度），就可以得到 $y = \sin x$，$x \in \mathbf{R}$ 的图像．如图 5-6-2

所示.

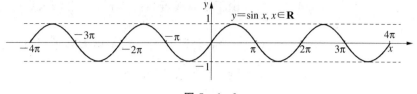

图 5-6-2

正弦函数 $y = \sin x$，$x \in \mathbf{R}$ 的图像叫作**正弦曲线**.

由图 5-6-1 可以看出，函数 $y = \sin x$ 在 $x \in [0, 2\pi]$ 范围内的图像，起关键作用的有 5 个点，它们的坐标分别是

$$(0, 0), \left(\frac{\pi}{2}, 1\right), (\pi, 0), \left(\frac{3\pi}{2}, -1\right), (2\pi, 0).$$

画图时，只要找出这 5 个点，再用光滑的曲线连接，就可以得到正弦函数在 $x \in [0, 2\pi]$ 内的简图，通常把这种方法叫做"五点画图法".

根据正弦函数的图像，可以得出正弦函数 $y = \sin x$ 的主要性质如下.

(1) 定义域

正弦函数 $y = \sin x$ 的定义域是 $\mathbf{R}$.

(2) 值域

从图像上可知，

$$-1 \leqslant \sin x \leqslant 1,$$

即正弦函数的值域为 $[-1, 1]$.

当且仅当 $x = \frac{\pi}{2} + 2k\pi$，$k \in \mathbf{Z}$ 时，$y$ 取得最大值 1，

当且仅当 $x = -\frac{\pi}{2} + 2k\pi$，$\pi \in \mathbf{Z}$ 时，$y$ 取得最小值 $-1$.

(3) 周期性

由 $\sin(x + 2k\pi) = \sin x$ $(k \in \mathbf{Z})$ 可知，正弦函数的函数值每隔 $2\pi$ 整数倍就重复出现，这种性质叫做**周期性**.

一般地，对于函数 $f(x)$，如果存在一个非零常数 $T$，使得当 $x$ 取定义域内的每一个值时，都有

$$f(x + T) = f(x),$$

那么函数 $f(x)$ 就叫做周期函数，非零常数 $T$ 叫做这个函数的**周期**.

例如，$-4\pi$，$-2\pi$，$\cdots$ 及 $2\pi$，$4\pi$，$\cdots$ 都是正弦函数的周期.

对于一个周期函数 $f(x)$，如果在所有的周期中存在一个最小的正数，那么这个最小正数就叫做 $f(x)$ 的**最小正周期**.

例如，$2\pi$ 是正弦函数的最小正周期.

以后一般所涉及的周期，如果不特别声明，指的都是函数的最小正周期.

(4) 奇偶性

由 $\sin(-x) = -\sin x$ 可知：

正弦函数是奇函数，所以正弦曲线关于原点对称.

(5) 单调性

由正弦曲线可知：当 $x$ 由 $-\dfrac{\pi}{2}$ 增大到 $\dfrac{\pi}{2}$ 时，曲线逐渐上升，正弦函数值 $y$ 由 $-1$ 增大到 $1$；当 $x$ 由 $\dfrac{\pi}{2}$ 增大到 $\dfrac{3\pi}{2}$ 时，曲线逐渐下降，正弦函数值 $y$ 由 $1$ 减小到 $-1$，见表 5-6-2。

表 5-6-2

| $x$ | $-\dfrac{\pi}{2}$ | ... | $0$ | ... | $\dfrac{\pi}{2}$ | ... | $\pi$ | ... | $\dfrac{3\pi}{2}$ |
|---|---|---|---|---|---|---|---|---|---|
| $\sin x$ | $-1$ | ↗ | $0$ | ↗ | $1$ | ↘ | $0$ | ↘ | $-1$ |

由正弦函数的周期性可知：

正弦函数在每一个闭区间

$$\left[-\dfrac{\pi}{2}+2k\pi,\ \dfrac{\pi}{2}+2k\pi\right](k\in \mathbf{Z})$$

上都是增函数，它的值由 $-1$ 增大到 $1$；此区间是函数的单调递增区间. 在每一个闭区间

$$\left[\dfrac{\pi}{2}+2k\pi,\ \dfrac{3\pi}{2}+2k\pi\right](k\in \mathbf{Z})$$

上都是减函数，它的值由 $1$ 减小到 $-1$，此区间是函数的单调递减区间.

  例 1  画出函数 $y=1+\sin x$，$x\in[0, 2\pi]$ 的简图.

解：列表 5-6-3 如下：

表 5-6-3

| $x$ | $0$ | $\dfrac{\pi}{2}$ | $\pi$ | $\dfrac{3\pi}{2}$ | $2\pi$ |
|---|---|---|---|---|---|
| $\sin x$ | $0$ | $1$ | $0$ | $-1$ | $0$ |
| $1+\sin x$ | $1$ | $2$ | $1$ | $0$ | $1$ |

简图如图 5-6-3 所示.

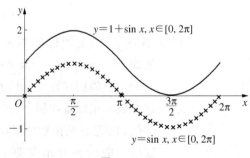

图 5-6-3

  思 考

函数 $y=1+\sin x$ 的图像与函数 $y=\sin x$ 的图像有何关系？函数

$y = c + \sin x\ (c \neq 0)$ 的图像与函数 $y = \sin x$ 的图像呢?

**例 2** 比较大小 $\sin\left(-\dfrac{\pi}{8}\right)$ 与 $\sin\left(-\dfrac{\pi}{10}\right)$.

**解**：因为 $-\dfrac{\pi}{2} < -\dfrac{\pi}{8} < -\dfrac{\pi}{10} < \dfrac{\pi}{2}$，且函数 $y = \sin x$，$x \in \left[-\dfrac{\pi}{2}, \dfrac{\pi}{2}\right]$ 是增函数，所以

$$\sin\left(-\dfrac{\pi}{8}\right) < \sin\left(-\dfrac{\pi}{10}\right).$$

**思考**

你能利用正弦函数的图像画出余弦函数的图像吗?

因为 $\cos x = \sin\left(x + \dfrac{\pi}{2}\right)$，所以余弦函数 $y = \cos x\ (x \in \mathbf{R})$ 的图像可以将正弦曲线 $y = \sin x$ 向左平移 $\dfrac{\pi}{2}$ 个单位得到，如图 5-6-4 所示，余弦函数的图像叫余弦曲线.

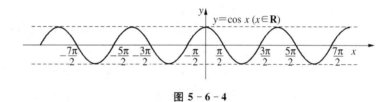

图 5-6-4

余弦函数在 $x \in [0, 2\pi]$ 范围内的图像，起关键作用的 5 个点的坐标分别为

$$(0, 1),\ \left(\dfrac{\pi}{2}, 0\right),\ (\pi, -1),\ \left(\dfrac{3\pi}{2}, 0\right),\ (2\pi, 1).$$

根据余弦函数的图像，可以得出余弦函数 $y = \cos x$ 的主要性质如下.

(1) 定义域

余弦函数 $y = \cos x$ 的定义域是 $\mathbf{R}$.

(2) 值域

余弦函数的值域为 $[-1, 1]$.

当且仅当 $x = 2k\pi$，$k \in \mathbf{Z}$ 时，$y$ 取得最大值 1，

当且仅当 $x = (2k+1)\pi$，$k \in \mathbf{Z}$ 时，$y$ 取得最小值 $-1$.

(3) 周期性

余弦函数是周期函数，最小正周期是 $2\pi$.

(4) 奇偶性

由 $\cos(-x) = \cos x$ 可知：余弦函数是偶函数，所以余弦函数的图像关于 $y$ 轴对称.

(5) 单调性

5.6 三角函数的图像和性质

余弦函数在每一个闭区间

$$[(2k-1)\pi, 2k\pi]\,(k \in \mathbf{Z})$$

上都是增函数,它的值由 $-1$ 增大到 $1$;此区间是函数的单调递增区间.在每一个闭区间

$$[2k\pi, (2k+1)\pi]\,(k \in \mathbf{Z})$$

上都是减函数,它的值由 $1$ 减小到 $-1$,此区间是函数的单调递减区间.

**例 3** 求使函数 $y = \cos x + 1$, $x \in \mathbf{R}$ 取得最大值的 $x$ 的集合,并说出最大值是什么.

**解:** 函数 $y = \cos x + 1$, $x \in \mathbf{R}$ 取得最大值的 $x$,就是使函数 $y = \cos x$, $x \in \mathbf{R}$ 取得最大值的 $x$.因而使 $y = \cos x + 1$, $x \in \mathbf{R}$ 取得最大值的 $x$ 的集合,就是使 $y = \cos x$, $x \in \mathbf{R}$ 取得最大值的 $x$ 的集合,即

$$\{x \mid x = 2k\pi, k \in \mathbf{Z}\}.$$

函数 $y = \cos x + 1$, $x \in \mathbf{R}$ 的最大值是 $1 + 1 = 2$.

1. 画出函数 $y = -\sin x$, $x \in [0, 2\pi]$ 的简图.
2. 下列等式能否成立?为什么?
   (1) $2\cos x = 3$;  (2) $\sin^2 x = 0.5$.
3. 求使函数 $y = 2\sin x$, $x \in \mathbf{R}$ 取得最小值的 $x$ 的集合,并说出最小值是什么.
4. 等式 $\sin(30° + 120°) = \sin 30°$ 是否成立?如果这个等式成立,能不能说 $120°$ 是正弦函数的周期?为什么?
5. 比较下列各题中两个三角函数值的大小(不求值):
   (1) $\sin 250°$, $\sin 260°$;  (2) $\cos \dfrac{15}{8}\pi$, $\cos \dfrac{14}{9}\pi$;
   (3) $\cos 515°$, $\cos 530°$;  (4) $\sin\left(-\dfrac{54}{7}\pi\right)$, $\sin\left(-\dfrac{63}{8}\pi\right)$.
6. 把下列三角函数值按从小到大的次序排列:
   (1) $\sin 75°$, $\sin 80°$, $\sin 48°$, $\sin 42°$;
   (2) $\cos 12°$, $\cos 24°$, $\cos 36°$, $\cos 52°$.

## *5.6.2 正切函数的图像和性质

正切函数是周期函数吗?它的周期同正弦函数、余弦函数的周期一样吗?

由诱导公式 $\tan(x + \pi) = \tan x$, $x \in \mathbf{R}$ 且 $x \neq \dfrac{\pi}{2} + k\pi$, $k \in \mathbf{Z}$ 可知,

正切函数是周期函数,π 是它的一个周期.

因此,我们先用描点法画出 $y=\tan x$ 在区间 $\left(-\dfrac{\pi}{2},\dfrac{\pi}{2}\right)$ 上的图像,列表 5-6-4 如下:

表 5-6-4

| $x$ | $-\dfrac{\pi}{3}$ | $-\dfrac{\pi}{4}$ | $-\dfrac{\pi}{6}$ | 0 | $\dfrac{\pi}{6}$ | $\dfrac{\pi}{4}$ | $\dfrac{\pi}{3}$ |
|---|---|---|---|---|---|---|---|
| $y$ | $-1.73$ | $1$ | $-0.58$ | $0$ | $0.58$ | $1$ | $1.73$ |

描点作图如 5-6-5 所示.

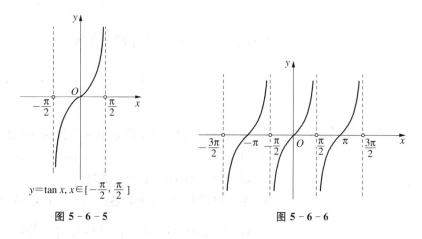

图 5-6-5　　　　　　　　图 5-6-6

根据正切函数的周期性,我们可以把 $y=\tan x, x\in\left(-\dfrac{\pi}{2},\dfrac{\pi}{2}\right)$ 的图像向左、右平移(每次 π 个单位),就可以得到正切函数 $y=\tan x, x\in\left(-\dfrac{\pi}{2}+k\pi,\dfrac{\pi}{2}+k\pi\right)(k\in\mathbf{Z})$ 的图像,如图 5-6-6 所示,并把它称为正切曲线.

可以看出,正切曲线是由相互平行的直线 $x=k\pi+\dfrac{\pi}{2}(k\in\mathbf{Z})$ 隔开的无穷多支曲线组成的.

由正切函数的图像可以得到正切函数的主要性质如下.

(1) 定义域

正切函数的定义域是 $\left\{x\mid x\in\mathbf{R}\text{ 且 }x\neq\dfrac{\pi}{2}+k\pi,k\in\mathbf{Z}\right\}$.

(2) 值域

正切函数的值域是实数集 **R**.

(3) 周期性:正切函数是周期函数,周期是 π.

(4) 奇偶性:由 $\tan(-x)=-\tan x$ 可知,正切函数是奇函数,所以正切函数的图像关于原点对称.

(5) 单调性:由图像可以看出,正切函数在每个开区间 $\left(-\dfrac{\pi}{2}+k\pi,\dfrac{\pi}{2}+k\pi\right)(k\in\mathbf{Z})$ 内都是增函数.

**思考**

正切函数在整个定义域内是增函数吗?

**例 1** 求函数 $y = \tan\left(2x - \dfrac{\pi}{4}\right)$ 的定义域.

**解**:因为 $y = \tan z$ 的定义域是 $\left\{z \middle| z \neq \dfrac{\pi}{2} + k\pi, k \in \mathbf{Z}\right\}$,令 $z = 2x - \dfrac{\pi}{4}$,由 $2x - \dfrac{\pi}{4} \neq \dfrac{\pi}{2} + k\pi$,可得

$$x \neq \dfrac{3}{8}\pi + k \cdot \dfrac{\pi}{2},$$

所以 $y = \tan\left(2x - \dfrac{\pi}{4}\right)$ 的定义域是

$$\left\{x \middle| x \neq \dfrac{3}{8}\pi + k \cdot \dfrac{\pi}{2}, k \in \mathbf{Z}\right\}.$$

**练习**

1. 观察正切曲线,写出满足下列条件的 $x$ 的取值范围:
   (1) $\tan x > 0$;　　　(2) $\tan x = 0$;　　　(3) $\tan x < 0$.
2. 求函数 $y = \tan 3x$ 的定义域.
3. 不通过求值,比较下列各组中两个正切函数值的大小:
   (1) $\tan 138°$ 与 $\tan 143°$;　(2) $\tan\left(-\dfrac{13}{4}\pi\right)$ 与 $\tan\left(-\dfrac{17}{5}\pi\right)$.

## *5.6.3　函数 $y = A\sin(\omega x + \varphi)$ 的图像

**问题**

在物理和工程技术的许多实际问题中,经常会遇到形如 $y = A\sin(\omega x + \varphi)$ (其中 $A, \omega, \varphi$ 都是常数,且 $A > 0, \omega > 0$) 的函数,那么函数 $y = A\sin(\omega x + \varphi)$ 的图像与 $y = \sin x$ 的图像有什么关系?

**例 1** 画出函数 $y = \sin\left(x + \dfrac{\pi}{3}\right)$ 和 $y = \sin x$ 的图像.

**解**:函数 $y = \sin\left(x + \dfrac{\pi}{3}\right)$ 的图像可以将正弦曲线 $y = \sin x$ 向左平移 $\dfrac{\pi}{3}$ 个单位而得到.如图 5-6-7 所示.

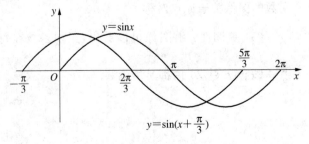

图 5-6-7

一般地，函数 $y=\sin(x+\varphi)$ 的图像可以看作将函数 $y=\sin x$ 的图像向左(当 $\varphi>0$)或向右(当 $\varphi<0$)平移 $|\varphi|$ 个单位长度而得到.

**例 2** 画出函数 $y=\sin\dfrac{1}{2}x$ 和 $y=\sin x$ 的图像.

**解：** 由描点画图可知，函数 $y=\sin\dfrac{1}{2}x$ 的图像可以将正弦曲线 $y=\sin x$ 上所有点的横坐标伸长到原来的 2 倍且纵坐标不变而得到. 如图 5-6-8 所示.

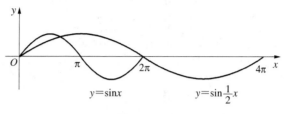

图 5-6-8

一般地，函数 $y=\sin\omega x$（$\omega>0$ 且 $\omega\neq 1$）的图像，可以看作将函数 $y=\sin x$ 的图像上所有点的横坐标变为原来的 $\dfrac{1}{\omega}$ 倍且纵坐标不变而得到.

**例 3** 画出函数 $y=\dfrac{1}{3}\sin x$ 和 $y=\sin x$ 的图像.

**解：** 由描点画图可知，函数 $y=\dfrac{1}{3}\sin x$ 的图像可以把正弦曲线 $y=\sin x$ 上所有点的纵坐标缩短到原来的 3 倍且横坐标不变而得到. 如图 5-6-9 所示.

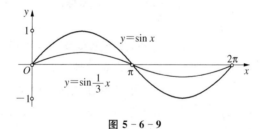

图 5-6-9

一般地，函数 $y=A\sin x$（$A>0$ 且 $A\neq 1$）的图像，可以看作将函数 $y=\sin x$ 的图像上所有点的纵坐标变为原来的 $A$ 倍且横坐标不变而得到.

**例 4** 画出函数 $y=3\sin\left(2x-\dfrac{\pi}{3}\right)$ 的图像.

**解：** 作出正弦曲线，并将曲线上每一点的横坐标变为原来的 $\dfrac{1}{2}$ 倍（纵坐标不变），得到函数 $y=\sin 2x$ 的图像；再将函数 $y=\sin 2x$ 的图像向右平移 $\dfrac{\pi}{6}$ 个单位长度，得到函数 $y=\sin 2\left(x-\dfrac{\pi}{6}\right)$ 即 $y=\sin\left(2x-\dfrac{\pi}{3}\right)$ 的图像；再将函数 $y=\sin\left(2x-\dfrac{\pi}{3}\right)$ 的图像上每一点的纵坐标变为原来的 3 倍（横坐标不变），即可得到函数 $y=3\sin\left(2x-\dfrac{\pi}{3}\right)$ 的图像. 如

图 5-6-10 所示.

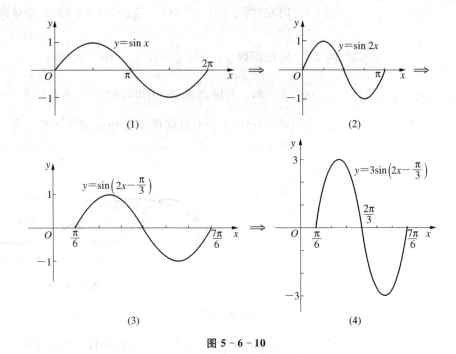

图 5-6-10

一般地,函数 $y = A\sin(\omega x + \varphi)$ $(A > 0, \omega > 0)$ 的图像可以通过以下步骤得到:

(1) 画正弦曲线;

(2) 把正弦曲线上点的横坐标伸(缩),得到 $y = \sin \omega x$ 的图像;

(3) 把 $y = \sin \omega x$ 的图像沿 $x$ 轴平移,得到 $y = \sin(\omega x + \varphi)$ 的图像;

(4) 把 $y = \sin(\omega x + \varphi)$ 的图像上点的纵坐标伸(缩),即可得到 $y = A\sin(\omega x + \varphi)$ 的图像.

另外,按下列步骤同样可得到 $y = A\cos(\omega x + \varphi)$ 的图像.

(1) 画出余弦曲线;

(2) 把余弦曲线沿 $x$ 轴平移,得到 $y = \cos(x + \varphi)$ 的图像;

(3) 把 $y = \cos(x + \varphi)$ 的图像上点的横坐标伸(缩),得到 $y = \cos(\omega x + \varphi)$ 的图像;

(4) 把 $y = \cos(\omega x + \varphi)$ 的图像上点的纵坐标伸(缩),即可得到 $y = A\cos(\omega x + \varphi)$ 的图像.

1. (1) 函数 $y = \sin\left(x - \dfrac{\pi}{4}\right)$ 的图像与正弦曲线有什么关系?

(2) 函数 $y = \sin \dfrac{x}{3}$ 的图像与正弦曲线有什么关系?

(3) 函数 $y = 5\sin x$ 的图像与正弦曲线有什么关系?

2. 函数 $y = \dfrac{2}{3}\sin\left(\dfrac{1}{2}x + \dfrac{\pi}{3}\right)$ 的图像与正弦曲线有什么关系?

3. 画出函数 $y = 2\sin\left(\dfrac{x}{2} - \dfrac{\pi}{4}\right)$ 的简图,并指出它可由函数 $y = \sin x$ 的图像经过哪些变换而得到.

## *5.6.4　已知三角函数值求角

**问题**

我们知道,已知任意一个角,可以求出它的三角函数值;那么已知一个三角函数值,我们能求出与它对应的角吗?

**例 1**　已知 $\sin\alpha = \frac{\sqrt{2}}{2}$,且 $0 \leqslant \alpha \leqslant 2\pi$,求 $\alpha$ 的集合.

**解**：因为 $\sin\alpha = \frac{\sqrt{2}}{2} > 0$,所以 $\alpha$ 是第一或第二象限的角. 由

$$\sin\frac{\pi}{4} = \frac{\sqrt{2}}{2},\ \sin\left(\pi - \frac{\pi}{4}\right) = \sin\frac{\pi}{4} = \frac{\sqrt{2}}{2},$$

可知,符合条件的角有两个,即第一象限的 $\frac{\pi}{4}$ 或第二象限的 $\frac{3\pi}{4}$. 所以所求的角 $\alpha$ 的集合是

$$\left\{\frac{\pi}{4}, \frac{3\pi}{4}\right\}.$$

**例 2**　已知 $\cos\alpha = \frac{1}{2}$,$\alpha \in [0, 2\pi]$,求 $\alpha$ 的集合.

**解**：因为 $\cos\alpha = \frac{1}{2} > 0$,所以 $\alpha$ 是第一或第四象限的角. 由

$$\cos\frac{\pi}{3} = \frac{1}{2},\ \cos\left(2\pi - \frac{\pi}{3}\right) = \cos\frac{\pi}{3} = \frac{1}{2}$$

可知,符合条件的角有两个,即第一象限的 $\frac{\pi}{3}$ 或第四象限的 $\frac{5\pi}{3}$. 所以所求的角 $\alpha$ 的集合是

$$\left\{\frac{\pi}{3}, \frac{5\pi}{3}\right\}.$$

**例 3**　已知 $\tan x = \frac{\sqrt{3}}{3}$,求 $x$ 的集合.

**解**：因为 $\tan x = \frac{\sqrt{3}}{3} > 0$,所以 $x$ 是第一或第三象限的角.

由 $\tan\frac{\pi}{6} = \frac{\sqrt{3}}{3},\ \tan\left(\pi + \frac{\pi}{6}\right) = \tan\frac{\pi}{6} = \frac{\sqrt{3}}{3}$

可知,所求的 $x$ 的集合是

$$\left\{x \,\Big|\, x = \frac{\pi}{6} + 2k\pi, k \in \mathbf{Z}\right\} \cup \left\{x \,\Big|\, x = \frac{7\pi}{6} + 2k\pi, k \in \mathbf{Z}\right\}$$
$$= \left\{x \,\Big|\, x = \frac{\pi}{6} + k\pi, k \in \mathbf{Z}\right\}.$$

**例4** 已知 $\tan x = \dfrac{1}{3}$,求 $x$ 的集合.

**解**:因为 $\tan x = \dfrac{1}{3} > 0$,所以 $x$ 是第一或第三象限的角.查表得

$$\tan 18°26' = \dfrac{1}{3},$$

又

$$\tan(180° + 18°26') = \tan 18°26' = \dfrac{1}{3},$$

因此,所求的 $x$ 是

$$18°26' + k \cdot 360° = 18°26' + 2k \cdot 180° \ (k \in \mathbf{Z}) \qquad (1)$$

或

$$(180° + 18°26') + k \cdot 360°$$
$$= 18°26' + (2k+1) \cdot 180° \ (k \in \mathbf{Z}), \qquad (2)$$

所以,把(1)、(2)两式合并,所求的 $x$ 就是

$$\{x \mid x = 18°26' + k \cdot 180°, k \in \mathbf{Z}\}.$$

**注意** 已知三角函数值求角的一般步骤:

(1) 根据已知三角函数值确定所求角在第几象限或终边落在坐标轴上的位置;

(2) 求出这个三角函数值的绝对值所对应的一个锐角 $\alpha_1$;

(3) 写出 $0° \sim 360°$ 间的适合条件的角,其中第二、第三、第四象限的角依次是 $180° - \alpha_1$,$180° + \alpha_1$,$360° - \alpha_1$;

(4) 根据终边相同的角的同一个三角函数值相等,写出适合条件的所有角.

**练习**

1. 求适合下列条件的 $\alpha$:

   (1) $\cos \alpha = \dfrac{\sqrt{3}}{2}$,且 $\dfrac{3\pi}{2} < \alpha < 2\pi$;

   (2) $\sin \alpha = -\dfrac{1}{2}$,且 $\pi < \alpha < \dfrac{3\pi}{2}$;

   (3) $\tan \alpha = 1$,且 $0° < \alpha < 360°$.

2. 求适合下列条件的 $x$:

   (1) $\sin x = \dfrac{1}{2}$,且 $x$ 在第一象限;

   (2) $\cos x = \dfrac{\sqrt{2}}{2}$,且 $x$ 在第四象限.

3. 求适合下列条件的 $x$ 的集合:

   (1) $\cos x = -\dfrac{\sqrt{3}}{2}$;(2) $\sin x = -1$.

## 5.7 习题课 3

**练习引导**

1. 以数形结合的思想,理解正弦、余弦和正切函数的图像和性质,学会"依性质作图像,以图像识性质".

2. 以化归思想,理解把正弦函数的图像逐步化归为函数 $y = A\sin(\omega x + \varphi)$ 的简图;把已知三角函数值求角化归为求 $[0, 2\pi]$ 上适合条件的角的集合.

### 一、基础训练

**分析**:解答三角函数的问题,其主要的理论依据是:三角函数的定义域、值域、奇偶性、有界性、周期性、单调性和最大(小)值等.

1. 判断下列说法是否正确,并简述理由:

   (1) 当 $x = \dfrac{\pi}{3}$ 时,$\sin\left(x + \dfrac{2\pi}{3}\right) \neq \sin x$,则 $\dfrac{2\pi}{3}$ 不是函数 $y = \sin x$ 的周期;

   (2) 当 $x = \dfrac{7\pi}{6}$ 时,$\sin\left(x + \dfrac{2\pi}{3}\right) = \sin x$,则 $\dfrac{2\pi}{3}$ 是函数 $y = \sin x$ 的周期.

2. 回答下列问题:

   (1) 从正弦曲线上看,$x$ 在区间 $\left[-\dfrac{\pi}{2}, \dfrac{\pi}{2}\right]$ 及 $\left[\dfrac{\pi}{2}, \dfrac{3\pi}{2}\right]$ 上是增函数还是减函数?函数值是正的还是负的?

   (2) 对应于 $x = \dfrac{\pi}{6}$,$\sin x$ 有多少个值?

   (3) 对应于 $\sin x = \dfrac{1}{2}$,$x$ 有多少个值?

   (4) 从余弦曲线上看,$x$ 在区间 $[0, \pi]$ 及 $[\pi, 2\pi]$ 上是增函数还是减函数?函数值是正的还是负的?

   (5) $x$ 为何值时,$\sin x = 0$? $x$ 为何值时,$\cos x = 0$?

   (6) 从正切曲线上看,$x$ 为何值时,$\tan x$ 不存在?正切曲线的增减性如何?当 $x$ 为何值时,$\tan x = 0$?当 $x$ 为何值时,$\tan x > 0$?当 $x$ 为何值时,$\tan x < 0$?

3. (1) 用描点法画出函数 $y = \sin x, x \in \left[0, \dfrac{\pi}{2}\right]$ 的图像;

   (2) 如何根据第(1)小题并运用正弦函数的性质,得出函数 $y = \sin x, x \in [0, 2\pi]$ 的图像?

(3) 如何根据第(2)小题并通过平行移动坐标轴,得出函数 $y = \sin(x+\varphi)+k, x \in [0, 2\pi]$(其中 $\varphi, k$ 都是常数)的图像?

## 二、典型例题

 求函数 $y = \dfrac{1}{1+\tan x}$ 的定义域.

**解**:要是函数 $y = \dfrac{1}{1+\tan x}$ 有意义,则有

$$\begin{cases} 1+\tan x \neq 0, \\ x \neq k\pi + \dfrac{\pi}{2} \ (k \in \mathbf{Z}), \end{cases}$$

即

$$x \neq k\pi - \dfrac{\pi}{4}, \text{且 } x \neq k\pi + \dfrac{\pi}{2} \ (k \in \mathbf{Z}),$$

所以函数的定义域为

$$\left\{ x \,\middle|\, x \in \mathbf{R}, \text{且 } x \neq k\pi - \dfrac{\pi}{4}, x \neq k\pi + \dfrac{\pi}{2}, k \in \mathbf{Z} \right\}.$$

 求使函数 $y = \cos x + 1, x \in \mathbf{R}$ 取得最大值的 $x$ 的集合,并说出最大值是什么.

**解**:使函数 $y = \cos x + 1, x \in \mathbf{R}$ 取得最大值的 $x$,就是使函数 $y = \cos x, x \in \mathbf{R}$ 取得最大值的 $x$. 因此,使函数 $y = \cos x + 1, x \in \mathbf{R}$ 取得最大值的 $x$ 的集合,就是使函数 $y = \cos x, x \in \mathbf{R}$ 取得最大值的 $x$ 的集合,即

$$\{x \mid x = 2k\pi, k \in \mathbf{Z}\},$$

函数 $y = \cos x + 1, x \in \mathbf{R}$ 的最大值是 $1 + 1 = 2$.

 已知 $\sin x = -\dfrac{1}{2}$,求 $x$.

**分析**:按已知三角函数值求角的一般步骤解答本题.

**解**:因为 $\sin x = -\dfrac{1}{2} < 0$,所以 $x$ 是第三或第四象限的角;

因为 $\sin \dfrac{\pi}{6} = \dfrac{1}{2}$,所以 $\dfrac{\pi}{6}$ 是满足 $\sin x = \dfrac{1}{2}$ 的一个锐角;

满足 $\sin x = -\dfrac{1}{2}$ 的 $0 \sim 2\pi$ 之间的角有 2 个,即

$$\pi + \dfrac{\pi}{6} = \dfrac{7\pi}{6} \text{ 和 } 2\pi - \dfrac{\pi}{6} = \dfrac{11}{6}\pi.$$

综上所述:

$$x = 2k\pi + \dfrac{7\pi}{6} \ (k \in \mathbf{Z}),$$

或

$$x = 2k\pi + \dfrac{11}{6}\pi \ (k \in \mathbf{Z}).$$

## 三、巩固提高

1. 求函数 $y = \tan 3x$ 的定义域.

2. 利用三角函数的性质,比较下列三角函数值的大小:

   (1) $\sin 108°$ 与 $\sin 164°$;

   (2) $\cos 760°$ 与 $\cos(-770°)$;

   (3) $\tan \dfrac{7\pi}{8}$ 与 $\tan \dfrac{\pi}{16}$.

3. 根据下列条件,求 $\triangle ABC$ 的内角 $A$:

   (1) $\sin A = \dfrac{\sqrt{3}}{2}$;　　(2) $\cos A = -\dfrac{\sqrt{3}}{2}$;　　(3) $\tan A = \dfrac{\sqrt{3}}{3}$.

4. 求适合下列关系式的 $x$ 的集合:

   (1) $\sin x = 1$;　　(2) $\cos x = -\dfrac{\sqrt{2}}{2}$;　　(3) $\tan x = \sqrt{3}$.

5. 下列函数哪些是奇函数?哪些是偶函数?哪些不是奇函数也不是偶函数?为什么?

   (1) $y = -\sin x$, $x \in \mathbf{R}$;　　(2) $y = |\sin x|$, $x \in \mathbf{R}$;

   (3) $y = 3\cos x + 1$, $x \in \mathbf{R}$;　　(4) $y = \sin x - 1$, $x \in \mathbf{R}$.

6. 选择题:

   (1) 函数 $y = 4\sin x$, $x \in [-\pi, \pi]$ 的单调性是(　　).

   　A. 在 $[-\pi, 0]$ 上是增函数,在 $[0, \pi]$ 上是减函数

   　B. 在 $\left[-\dfrac{\pi}{2}, \dfrac{\pi}{2}\right]$ 上是增函数,在 $\left[-\pi, -\dfrac{\pi}{2}\right]$ 及 $\left[\dfrac{\pi}{2}, \pi\right]$ 上是减函数

   　C. 在 $[0, \pi]$ 上是增函数,在 $[-\pi, 0]$ 上是减函数

   　D. 在 $\left[\dfrac{\pi}{2}, \pi\right]$ 及 $\left[-\pi, -\dfrac{\pi}{2}\right]$ 上是增函数,在 $\left[-\dfrac{\pi}{2}, \dfrac{\pi}{2}\right]$ 上是减函数

   (2) 函数 $y = \cos\left(x + \dfrac{\pi}{2}\right)$, $x \in \mathbf{R}$ (　　).

   　A. 是奇函数

   　B. 是偶函数

   　C. 既不是奇函数也不是偶函数

   　D. 有无奇偶性不能确定

7. 选择题:已知函数 $y = 3\sin\left(x + \dfrac{\pi}{5}\right)$, $x \in \mathbf{R}$ 的图像为 $C$.

   (1) 为了得到函数 $y = 3\sin\left(x - \dfrac{\pi}{3}\right)$, $x \in \mathbf{R}$ 的图像,只需把 $C$ 上所有的点(　　).

   　A. 向左平行移动 $\dfrac{\pi}{5}$ 个单位长度

   　B. 向右平行移动 $\dfrac{\pi}{5}$ 个单位长度

   　C. 向左平行移动 $\dfrac{2\pi}{5}$ 个单位长度

   　D. 向右平行移动 $\dfrac{2\pi}{5}$ 个单位长度

   (2) 为了得到函数 $y = 3\sin\left(2x + \dfrac{\pi}{5}\right)$, $x \in \mathbf{R}$ 的图像,只需把 $C$ 上

所有的点( ).

A. 横坐标伸长到原来的 2 倍,纵坐标不变

B. 横坐标缩短到原来的 $\frac{1}{2}$ 倍,纵坐标不变

C. 纵坐标伸长到原来的 2 倍,横坐标不变

D. 纵坐标缩短到原来的 $\frac{1}{2}$ 倍,横坐标不变

(3) 为了得到函数 $y = 4\sin\left(x + \frac{\pi}{5}\right), x \in \mathbf{R}$ 的图像,只需把 $C$ 上所有的点( ).

A. 横坐标伸长到原来的 $\frac{4}{3}$ 倍,纵坐标不变

B. 横坐标缩短到原来的 $\frac{3}{4}$ 倍,纵坐标不变

C. 纵坐标伸长到原来的 $\frac{4}{3}$ 倍,横坐标不变

D. 纵坐标缩短到原来的 $\frac{3}{4}$ 倍,横坐标不变

8. 填空题:

在闭区间 $[0, \pi]$ 上,适合关系式 $\cos x = \frac{\sqrt{3}}{2}$ 的角 $x$ 有且只有____个;在开区间 $\left(\frac{3\pi}{2}, 2\pi\right)$ 内,适合这个关系式的角 $x$ 有且只有____个,$x$ 的值是_____.

# 小 结

## 一、知识结构

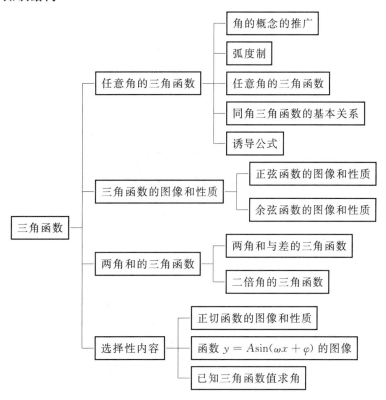

## 二、回顾与思考

1. 角包括任意大小的正角、负角和零角，你能结合实例进行角的度数与弧度数的换算吗？

2. 任意角的三角函数是用坐标来定义的. 在这种定义中，由于每一个角都有确定的终边，而终边上所取的一点都有确定的坐标和象限，因而它的各个三角函数也都是惟一确定的，这就说明三角函数具有存在性、惟一性和符号确定性. 你能结合实际来说明三角函数的这些基本特征吗？

3. 运用等价转化思想，可以将同角三角函数的基本关系式变成"1"的代换问题，如

$$1 = \sin^2 \alpha + \cos^2 \alpha.$$

4. 利用诱导公式，你能把任意角的三角函数转化为 0°到 90°之间的角的三角函数吗？

5. 三角函数的性质包括函数的定义域、值域、奇偶性、有界性、周期性、

单调性和最大(小)值.能熟练地画出正弦、余弦函数在一个周期内的图像,并看出它们的性质.

6. 两角和的三角函数公式,其内涵是揭示同名不同角的三角函数的运算规律.在实际运用中,要注意掌握角的演变规律,准确地使用公式进行求值、化简和证明.

### 三、复习题

1. 填空题:

   (1) 设 $\alpha = -\dfrac{\pi}{6}$,则与 $\alpha$ 终边相同的最小正角是_____;

   (2) 已知 $\sin \alpha = \dfrac{1}{3}$,且 $\alpha \in \left(\dfrac{\pi}{2}, \pi\right)$,则 $\cos \alpha$ 的值是_____;

   (3) $\tan \dfrac{19}{6}\pi$ 的值是_____;

   (4) 设 $0 < \alpha < 2\pi$,且 $\tan \alpha = -\sqrt{3}$,则 $\alpha =$_____;

   (5) 化简 $\sin^2 10° + \sin^2 80° =$_____;

   (6) 函数 $y = \sin x + 1$ 当 $x =$_____时取得最大值_____;

   (7) 函数 $y = \dfrac{1}{1 + \cos x}$ 的定义域是_____;

   (8) 已知 $\tan(\alpha + \beta) = 5$,$\tan \alpha = 2$,则 $\tan \beta =$_____;

   (9) 已知 $\cos \alpha = -\dfrac{3}{5}$,$\pi < \alpha < \dfrac{3\pi}{2}$,则 $\sin 2\alpha =$_____;

   (10) 钟摆的摆长是 40 cm,当钟摆转动 0.2 rad 时,它所对的弧长是_____.

2. 选择题:

   (1) $-2\,370°$ 是(  );

   A. 第一象限的角      B. 第二象限的角

   C. 第三象限的角      D. 第四象限的角

   (2) 已知 $\alpha = 4$ 弧度,则 $\alpha$ 的终边在(  );

   A. 第一象限      B. 第二象限

   C. 第三象限      D. 第四象限

   (3) 已知角 $\alpha$ 的终边过点 $P(-3, 4)$,则 $\sin \alpha + \cos \alpha + \tan \alpha$ 是(  );

   A. $-\dfrac{23}{15}$    B. $-\dfrac{17}{15}$    C. $-\dfrac{1}{15}$    D. $\dfrac{17}{15}$

   (4) $\sqrt{1 - \sin^2 1\,540°}$ 化简为(  );

   A. $\cos 100°$      B. $\sin 20°$

   C. $\sin 10°$      D. $\cos 10°$

   (5) 设 $\alpha = 2$,则有(  );

   A. $\sin \alpha > 0$ 且 $\cos \alpha > 0$      B. $\sin \alpha < 0$ 且 $\cos \alpha > 0$

   C. $\sin \alpha > 0$ 且 $\cos \alpha < 0$      D. $\sin \alpha < 0$ 且 $\cos \alpha < 0$

   (6) 设 $\theta \in \mathbf{R}$,则 $\sin\left(\theta - \dfrac{\pi}{2}\right)$ 恒等于(  );

   A. $\sin\left(\dfrac{3\pi}{2} + \theta\right)$      B. $\cos\left(\dfrac{\pi}{2} + \theta\right)$

C. $\cos\left(\dfrac{\pi}{2}-\theta\right)$  D. $\sin\left(\dfrac{\pi}{2}-\theta\right)$

(7) 在 0 到 $2\pi$ 之间满足 $\sin\alpha=-\dfrac{1}{2}$ 的 $\alpha$ 的值是( );

A. $\dfrac{2\pi}{3}$ 或 $\dfrac{5\pi}{3}$  B. $\dfrac{4\pi}{3}$ 或 $\dfrac{5\pi}{3}$

C. $\dfrac{7\pi}{6}$ 或 $\dfrac{5\pi}{6}$  D. $\dfrac{7\pi}{6}$ 或 $\dfrac{11\pi}{6}$

(8) 若 $\alpha$ 在第三象限,则 $k\cdot 360°-\alpha$ $(k\in \mathbf{Z})$ 是( );

A. 第一象限角  B. 第二象限角

C. 第三象限角  D. 第四象限角

(9) $\cos 12°\cos 98°-\sin 12°\sin 98°=(\quad)$;

A. $\cos 20°$  B. $\sin 20°$

C. $-\cos 20°$  D. $-\sin 20°$

(10) 下列四个命题中正确的是( ).

A. 在第一象限是减函数

B. 是增函数

C. 上是增函数

D. $y=\sin x$ 和 $y=\cos x$ 在第二象限都是减函数

3. 已知 $\sin\alpha=2\cos\alpha$,求 $\sin\alpha$,$\cos\alpha$,$\tan\alpha$.

4. 已知 $\cos\alpha=\dfrac{1}{3}$ 且 $\alpha$ 在第四象限,若 $P(1,x)$ 为角 $\alpha$ 的终边上一点,求 $x$ 的值.

5. 求下列三角函数的值:

(1) $\sin\left(-\dfrac{3\pi}{4}\right)$;  (2) $\tan\dfrac{2\pi}{3}$;  (3) $\cos 495°$.

6. 确定下列三角函数值的符号:

(1) $\sin 3.45$;  (2) $\cos(-3.45)$.

7. 已知 $\sin(\pi+\alpha)=-\dfrac{1}{2}$,计算:

(1) $\cos(5\pi-\alpha)$;  (2) $\tan(\alpha-3\pi)$.

8. 求函数 $y=\sqrt{\sin x}$ 的定义域.

9. 比较下列各组数的大小:

(1) $\cos\dfrac{\pi}{5}$ 与 $\cos\dfrac{\pi}{10}$;  (2) $\sin 57°$ 与 $\sin 122°$;

(3) $\tan 3$ 与 $\tan 4$.

10. 不查表,求 $\cos 15°\cos 30°\cos 75°$ 的值.

11. 已知 $\cos 2\alpha=\dfrac{3}{5}$,求 $\cos^4\alpha+\sin^4\alpha$ 的值.

12. 一个三角形的两个内角的正切分别是 $-\dfrac{1}{2}$ 和 $\dfrac{1}{3}$,求第三个内角的正切.

13. 化简:

(1) $\cos 10°\cos 20°-\cos 80°\cos 70°$;

(2) $\cos(30°+x)-\cos(30°-x)$;

(3) $\sin 14° \cos 16° + \sin 76° \sin 16°$;

(4) $\dfrac{\tan 80° \tan 20° - 1}{\tan 80° + \tan 20°}$.

14. 求证:

(1) $(\cos \alpha - 1)^2 + \sin^2 \alpha = 2 - 2\cos \alpha$;

(2) $\cos^4 \alpha - \sin^4 \alpha = 1 - 2\sin^2 \alpha$.

15. 已知 $\cos \alpha + \cos^2 \alpha = 1$,求 $\sin^2 \alpha + \sin^6 \alpha + \sin^8 \alpha$ 的值.

# 第六章　解三角形

6.1　正弦定理
6.2　余弦定理
6.3　正弦定理、余弦定理的应用
6.4　习题课
小结

对茫茫夜空中神秘星相的奇思幻想，对尼罗河岸边肥沃土地年复一年的丈量，对"天圆地方"的亘古宇宙的勾股推测……人类的祖先很早就已经掌握了丰富的三角形的知识．

今天，无论是鳞次栉比的高楼大厦，还是幼儿启蒙的简单玩具，在形形色色的几何体中，几乎都含有三角形这个重要的图形．在本章，我们将继续学习有关三角形的一些知识，并运用这些知识去解决一些简单的实际问题．

# 6.1 正弦定理

我们知道,三角形最基本的元素有三个内角与三条边(如图 6-1-1 所示).在初中我们已经学过关于角的基本定理、直角三角形中的边角关系,我们自然要问:任意三角形中的边与角之间会有什么关系呢?

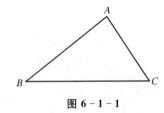

图 6-1-1

**观察** (1) 三角形内角和定理:三角形的内角和等于 180°,如图 6-1-2 所示,△ABC 的三个内角分别记为 ∠1,∠2,∠3,求证:∠1 + ∠2 + ∠3 = 180°.

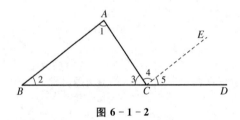

图 6-1-2

**证明:** 延长 BC 到 D,过 C 作 CE∥AB,
因为 ∠1 = ∠4,∠2 = ∠5,
所以 ∠1 + ∠2 + ∠3 = ∠3 + ∠4 + ∠5 = 180°.
上述定理表明,三角形内角和与三角形的形状无关.

(2) 勾股定理:直角三角形斜边的平方等于两直角边的平方和.

如图 6-1-3 所示,直角三角形 ABC 中,∠C = 90°,记 AB = c,BC = a,CA = b,求证:$c^2 = a^2 + b^2$.

**证明:** 如图 6-1-4,分别由 △ABC 构造两个边长为 a+b 的正方形.

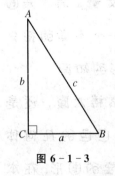

图 6-1-3

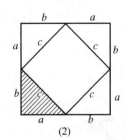

(1)  (2)

图 6-1-4

由于两个正方形面积相等,即:

第六章 解三角形

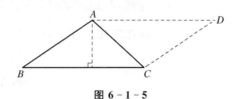

$$a^2 + b^2 + 4 \times \frac{1}{2}ab = c^2 + 4 \times \frac{1}{2}ab,$$

所以 $$a^2 + b^2 = c^2.$$

传说古希腊的毕达哥拉斯❶学派就是用以上方法证明这个定理的.

(3) 三角形面积公式:

$$S_\triangle = \frac{1}{2} 底 \times 高,$$

如图 6-1-5 所示,把两个全等的三角形拼成一个平行四边形.

图 6-1-5

因为 $h = AB \cdot \sin B$($B$ 为钝角时亦成立),

所以 $S_{平行四边形} = 底 \times 高 = BC \cdot AB \sin B.$

所以 $S_\triangle = \frac{1}{2} S_{平行四边形} = \frac{1}{2} 底 \times 高 = \frac{1}{2} BC \cdot AB \sin B.$

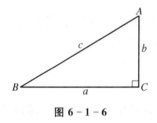

图 6-1-6

三角形的边与角还有哪些关系呢?

如图 6-1-6 所示,在 Rt$\triangle ABC$ 中,由于

$$\sin A = \frac{a}{c},\ \sin B = \frac{b}{c},\ \sin C = 1,$$

即 $$c = \frac{a}{\sin A},\ c = \frac{b}{\sin B},\ c = \frac{c}{\sin C},$$

所以 $$\frac{a}{\sin A} = \frac{b}{\sin B} = \frac{c}{\sin C}.$$

上述结论,对任意三角形也成立吗?

设 $\triangle ABC$ 为任意的三角形,三个内角 $A$, $B$, $C$ 的对边分别记为 $a$, $b$, $c$. 把两个全等的三角形拼成如图 6-1-7 所示的两种平行四边形.

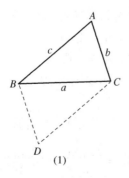
(1)

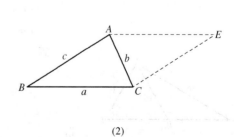
(2)

图 6-1-7

6.1 正弦定理

在图(1)中，$S_{平行四边形ABCD} = bc\sin A$，

在图(2)中，$S_{平行四边形ABCE} = ac\sin B$.

由于平行四边形的面积都相等，即

$$bc\sin A = ac\sin B,$$

得

$$\frac{a}{\sin A} = \frac{b}{\sin B}.$$

同理可得：$\dfrac{b}{\sin B} = \dfrac{c}{\sin C}.$

这样，我们便证明了下面的定理.

**正弦定理** 在一个三角形中，各边和它所对角的正弦的比相等. 即

$$\frac{a}{\sin A} = \frac{b}{\sin B} = \frac{c}{\sin C}.$$

有无其他方法来证明正弦定理？

在初中，我们已会解直角三角形，学习了正弦定理，我们可以来解斜三角形，也就是根据斜三角形中已知的边与角求未知的边与角.

利用正弦定理，可以解决以下两类解三角形的问题：

(1) 已知两角与任一边，求其他两边和一角；

(2) 已知两边与其中一边的对角，求另一边的对角(从而进一步求出其余的边和角).

 在△ABC中，已知 $c = 10$，$A = 45°$，$C = 30°$，求 $b$(保留两个有效数字).

**解**：因为 $\dfrac{b}{\sin B} = \dfrac{c}{\sin C}$，

$$B = 180° - (A + C) = 180° - (45° + 30°) = 105°,$$

所以

$$b = \frac{c \cdot \sin B}{\sin C} = \frac{10 \cdot \sin 105°}{\sin 30°} \approx 19.$$

答：$b \approx 19$.

 根据下列条件解三角形(边长精确到0.01，角度精确到0.1°)：

(1) $a = 16$，$b = 26$，$A = 30°$；

(2) $a = 30$，$b = 26$，$A = 30°$.

**解**：(1) 如图 6-1-8，由正弦定理：

$$\frac{a}{\sin A} = \frac{b}{\sin B},$$

得

$$\sin B = \frac{b\sin A}{a} = \frac{26\sin 30°}{16} = \frac{13}{16}.$$

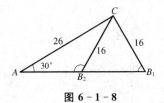

图 6-1-8

所以 $B_1 = 54.3°$，$B_2 = 180° - 54.3° = 125.7°$.

由于 $B_2 + A = 125.7° + 30° = 155.7° < 180°$，

故 $B_2$ 也符合要求，从而 $B$ 有两解（如图 6-1-8 所示）：

$$B_1 = 54.3° \text{ 或 } B_2 = 125.7°.$$

当 $B_1 = 54.3°$ 时，

$$C_1 = 180° - (A + B) = 180° - (30° + 54.3°)$$
$$= 95.7°,$$

$$c_1 = \frac{a \sin C_1}{\sin A} = \frac{16 \sin 95.7°}{\sin 30°} \approx 31.84;$$

当 $B_2 = 125.7°$ 时，

$$C_2 = 180° - (A + B) = 180° - (30° + 125.7°)$$
$$= 24.3°,$$

$$c_2 = \frac{a \sin C_2}{\sin A} = \frac{16 \sin 24.3°}{\sin 30°} \approx 13.17.$$

（2）如图 6-1-9 所示，由正弦定理 $\dfrac{a}{\sin A} = \dfrac{b}{\sin B}$，得

$$\sin B = \frac{b \sin A}{a} = \frac{26 \sin 30°}{30} = \frac{13}{30}.$$

所以 $B_1 = 25.7°$，$B_2 = 180° - 25.7° = 154.3°$.

由于 $B_2 + A = 154.3° + 30° = 184.3° > 180°$，

故 $B_2$ 不符合要求，从而 $B$ 只有一解，如图 6-1-9 所示.

$$C = 180° - (A + B) = 180° - (30° + 25.7°)$$
$$= 124.3°,$$

$$c = \frac{a \sin C}{\sin A} = \frac{30 \sin 124.3°}{\sin 30°} \approx 49.57.$$

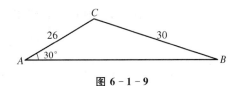

图 6-1-9

 1. 在 $\triangle ABC$ 中（结果保留两位有效数字）：

(1) 已知 $c = \sqrt{3}$，$A = 45°$，$B = 60°$，求 $b$；

(2) 已知 $b = 12$，$A = 30°$，$B = 120°$，求 $a$；

(3) 已知 $A = 26°$，$C = 47°$，$b = 16$，求 $a, c$.

2. 根据下列条件解三角形（边长精确到 1，角度精确到 1°）：

(1) $b = 11$，$a = 20$，$B = 30°$；

(2) $c = 54$，$b = 39$，$B = 115°$.

3. 在 $\triangle ABC$ 中，已知 $a = 2$，$b = 3$，$C = 150°$，求 $S_{\triangle ABC}$.

# 6.2 余弦定理

**问题**

勾股定理给出了直角三角形三条边之间的关系,那么,斜三角形的三条边又有什么样的关系呢?

下面分两种情况来讨论:

(1) 如图 6-2-1 所示,当 △ABC 为锐角三角形时,作 $AD \perp BC$ 交 $BC$ 于 $D$. 那么,由勾股定理得:

图 6-2-1

$$b^2 = AD^2 + CD^2.$$

而 
$$AD^2 = c^2 - BD^2,$$
$$CD^2 = (a - BD)^2,$$

所以 
$$b^2 = c^2 - BD^2 + (a - BD)^2$$
$$= a^2 + c^2 - 2a(BD).$$

由于 
$$BD = c \cdot \cos B,$$

因此 
$$b^2 = a^2 + c^2 - 2ac \cdot \cos B.$$

(2) 如图 6-2-2 所示,当 △ABC 为钝角三角形时,∠B 为钝角,作 $AD \perp BC$,交 $CB$ 的延长线于 $D$,那么,由勾股定理得:

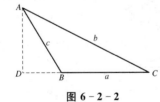

图 6-2-2

$$b^2 = AD^2 + CD^2,$$

而 
$$AD^2 = c^2 - BD^2,$$
$$CD^2 = (a + BD)^2,$$

所以 
$$b^2 = c^2 - BD^2 + (a + BD)^2$$
$$= a^2 + c^2 + 2a(BD).$$

由于 
$$BD = c \cdot \cos(180° - B) = -c \cdot \cos B,$$

因此 
$$b^2 = a^2 + c^2 - 2ac \cdot \cos B.$$

同理可证

$$a^2 = b^2 + c^2 - 2bc \cos A,$$

$$c^2 = a^2 + b^2 - 2ab\cos C.$$

于是我们得到下面的定理.

**余弦定理** 三角形任何一边的平方等于其他两边平方的和减去这两边与它们夹角的余弦的积的两倍. 即

$$a^2 = b^2 + c^2 - 2bc\cos A,$$
$$b^2 = a^2 + c^2 - 2ac\cos B,$$
$$c^2 = a^2 + b^2 - 2ab\cos C.$$

也可以写成如下形式:

$$\cos A = \frac{b^2 + c^2 - a^2}{2bc},$$
$$\cos B = \frac{a^2 + c^2 - b^2}{2ac},$$
$$\cos C = \frac{a^2 + b^2 - c^2}{2ab}.$$

**思 考**

有无其他方法来证明余弦定理?

在 △ABC 中,已知 $a = 7, b = 10, c = 6$,求 $A$(精确到 $1°$).

**解:** 因为 $\cos A = \dfrac{b^2 + c^2 - a^2}{2bc} = \dfrac{10^2 + 6^2 - 7^2}{2 \times 10 \times 6} = 0.725$,

所以 $A \approx 44°$.

在 △ABC 中,已知 $b = 3, c = 1, A = 60°$,求 $a$.

**解:** 由余弦定理,得

$$\begin{aligned} a^2 &= b^2 + c^2 - 2bc\cos A \\ &= 3^2 + 1^2 - 2 \times 3 \times 1 \times \cos 60° \\ &= 7, \end{aligned}$$

所以 $a = \sqrt{7}$.

**例 3** 在 △ABC 中,已知 $a = 2.730, b = 3.696, C = 82°28'$,解这个三角形(边长保留 4 个有效数字,角度精确到 $1'$).

**解:** 由

$$c^2 = a^2 + b^2 - 2ab\cos C = 2.730^2 + 3.696^2 - 2 \times 2.730 \times 3.696 \times \cos 82°28'$$

得 $c = 4.297$.

因为 $\cos A = \dfrac{b^2 + c^2 - a^2}{2bc} = \dfrac{3.696^2 + 4.297^2 - 2.730^2}{2 \times 3.696 \times 4.297} = 0.7767$,

所以 $A = 39°2'$.

6.2 余弦定理

$$B = 180° - (A+C) = 180° - (39°2' + 82°28') = 58°30'.$$

例4  利用余弦定理证明：在 $\triangle ABC$ 中，若 $a = b$，则 $\angle A = \angle B$.

**证明**：因为 $a = b$，

所以 $\cos A = \dfrac{b^2 + c^2 - a^2}{2bc} = \dfrac{c}{2b}$，

$\cos B = \dfrac{a^2 + c^2 - b^2}{2ac} = \dfrac{c}{2a}$，

$\cos A = \cos B > 0$（$A, B$ 为锐角），

故 $A = B$. 证毕.

利用余弦定理，可以解决以下两类有关三角形的问题：
(1) 已知三边，求三个角；
(2) 已知两边和它们的夹角，求第三边和其他两个角.

1. 在 $\triangle ABC$ 中：

(1) 已知 $b = 8, c = 3, A = 60°$，求 $a$；

(2) 已知 $a = 20, b = 29, c = 21$，求 $B$；

(3) 已知 $a = 3\sqrt{3}, c = 2, B = 150°$，求 $b$；

(4) 已知 $a = 2, b = \sqrt{2}, c = \sqrt{3} + 1$，求 $A$.

2. 根据下列条件解三角形（边长保留两个有效数字，角度精确到 $1°$）：

(1) $a = 31, b = 42, c = 27$；

(2) $a = 38, b = 40, C = 106°$.

3. 在平行四边形 $ABCD$ 中，已知 $AB = 12$ cm，$BC = 10$ cm，$A = 60°$，求平行四边形两条对角线的长.

4. 用余弦定理证明：平行四边形两条对角线平方的和等于四边平方的和.

5. 在 $\triangle ABC$ 中，已知 $\dfrac{\cos B}{b} = \dfrac{\cos C}{c}$，试判断 $\triangle ABC$ 的形状.

# 6.3 正弦定理、余弦定理的应用

### 问题

利用正弦定理、余弦定理,可以解决一些有关斜三角形的应用问题.事实上,任何具体的应用都是很复杂的,怎样将理论计算与实际验证相结合,以得出符合实际的结论呢?

 为了在一条河上建一座桥,施工前在河两岸打上两个桥位桩 $A,B$,如图 6-3-1 所示,要精确测算出 $A,B$ 两点间的距离,测量人员在岸边定出基线 $BC$,测得 $BC=78.35$ m,$\angle B=69°43'$,$\angle C=41°12'$,计算 $AB$ 的长(精确到 $0.01$ m).

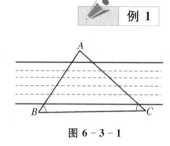

图 6-3-1

**解:** 在 $\triangle ABC$ 中,已知 $a=78.35$,$B=69°43'$,$C=41°12'$,

$$A=180°-(B+C)=180°-(69°43'+41°12')$$
$$=69°5'.$$

由正弦定理,可得

$$c=\frac{a\sin C}{\sin A}=\frac{78.35\times 0.658\,7}{0.934\,1}\approx 55.25(\text{m}).$$

**答:** 桥位桩 $A,B$ 间的距离约为 $55.25$ m.

 $A,B$ 两地之间隔着一个水塘,如图 6-3-2 所示,现选择另一点 $C$,测得 $CA=182$ m,$CB=126$ m,$\angle ACB=63°$,求 $A,B$ 两地之间的距离(精确到 $1$ m).

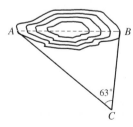

图 6-3-2

**解:** 由余弦定理,得

$$AB^2=CA^2+CB^2-2CA\cdot CB\cos C$$
$$=182^2+126^2-2\times 182\times 126\cos 63°$$
$$\approx 28\,178.2,$$

所以 $AB\approx 168(\text{m})$.

**答:** $A$、$B$ 两地之间的距离约为 $168$ m.

 作用于同一点的 3 个力 $F_1,F_2,F_3$ 平衡.已知 $F_1=30$ N,$F_2=50$ N,$F_1$ 与 $F_2$ 之间的夹角是 $60°$,求 $F_3$ 的大小与方向(精确到 $0.1°$).

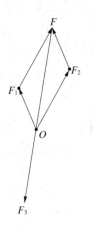

图 6-3-3

**解**：$F_3$ 应和 $F_1 F_2$ 的合力 $F$ 平衡，所以 $F_3$ 和 $F$ 在同一直线上，并且大小相等，方向相反.

如图 6-3-3 所示，在 △$OF_1F$ 中，由余弦定理，得

$$F = \sqrt{30^2 + 50^2 - 2 \times 30 \times 50 \cos 120°} = 70(\text{N}).$$

再由正弦定理，得

$$\sin \angle F_1 OF = \frac{50 \sin 120°}{70} = \frac{5\sqrt{3}}{14}.$$

所以 $\angle F_1 OF \approx 38.2°$，从而 $\angle F_1 OF_3 \approx 141.8°$.

答：$F_3$ 为 70 N，$F_3$ 和 $F_1$ 间的夹角为 141.8°.

1. 如图 6-3-4 所示，在山下 $A$ 处用激光测距仪测出到两座山峰 $B$，$C$ 的距离分别是 2 500 m 和 2 350 m，从 $A$ 处观察这两目标，目标的视角是 125°，$B$，$C$ 两山峰相距多远（精确到 m）？

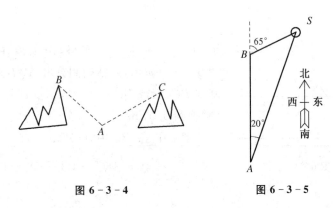

图 6-3-4        图 6-3-5

2. 如图 6-3-5 所示，一艘船以 32.2 n mile/h 的速度向正北航行. 在 $A$ 处看灯塔 $S$ 在船的北偏东 20°，30 min 后航行到 $B$ 处，在 $B$ 处看灯塔 $S$ 在船的北偏东 65°方向上，求灯塔 $S$ 和 $B$ 处的距离（精确到 0.1 n mile）.

3. 如图 6-3-6 所示，从 200 m 高的电视塔顶 $A$ 测得地面上某两点 $B$，$C$ 的俯角分别为 30°和 45°，求这两点之间的距离.

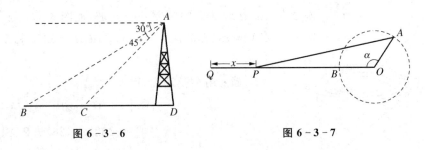

图 6-3-6        图 6-3-7

4. 图 6-3-7 为曲柄连杆机构示意图. 当曲柄 $OA$ 在水平位置 $OB$ 时，连杆端点 $P$ 在 $Q$ 的位置，当 $OA$ 自 $OB$ 按顺时针方向旋转 $\alpha$ 角时，$P$ 和 $Q$ 之间的距离是 $x$. 已知 $OA = 25$ cm，$AP = 125$ cm，分别求下列条件下的 $x$ 值（精确到 0.1 cm）：

(1) $\alpha = 50°$；        (2) $\alpha = 90°$；

(3) $\alpha = 135°$；        (4) $OA \perp AP$.

5. 如图 6-3-8 所示,用两根绳子牵引重为 $F_1=100$ N 的物体,两根绳子拉力分别为 $F_2$,$F_3$,此时平衡,如果 $F_2=80$ N,$F_2$ 与 $F_3$ 夹角 $\alpha=135°$.
   (1) 求 $F_3$ 的大小(精确到 1 N);
   (2) 求 $F_3$ 与 $F_1$ 的夹角 $\beta$ 的值(精确到 $0.1°$).

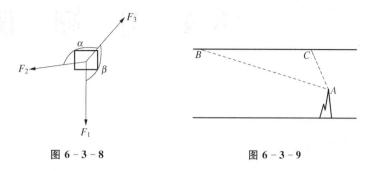

图 6-3-8　　　　　图 6-3-9

6. 如图 6-3-9 所示,飞机的航线和山顶在同一个铅直平面内,已知飞机的高度为海拔 20 250 m,速度为 180 km/h,飞行员先看到山顶的俯角为 $18°30'$,经过 960 s 后又看到山顶的俯角为 $81°$,求山顶的海拔高度(精确到 1 m).

## 6.4 习题课

**练习引导**

解斜三角形的问题,一般归纳为如下4种类型:

1. 已知两个角和一条边;
2. 已知两条边和其中一条边所对的角;
3. 已知两条边和它们所夹的角;
4. 已知3条边.利用正弦定理,可以解决第1、第2类的问题;利用余弦定理,可以解决第3、第4类的问题.

### 一、基础训练

1. $\triangle ABC$中,$\angle A=30°$,$\angle B=45°$,$BC=2$,那么$AC=$( ).

   A. $2\sqrt{2}$　　B. $\dfrac{\sqrt{2}}{2}$　　C. $\dfrac{2}{3}\sqrt{6}$　　D. $\sqrt{2}$

2. $\triangle ABC$中,$a=1$,$b=2$,$\angle C=120°$,则$c=$( ).

   A. 7　　B. 3　　C. $\sqrt{7}$　　D. $\sqrt{3}$

3. $\triangle ABC$中,$(a+b+c)\cdot(a+b-c)=ab$,则$\angle C=$( ).

   A. 30°　　B. 60°　　C. 120°　　D. 150°

4. $\triangle ABC$中,$b=\sqrt{3}$,$c=3$,$\angle B=30°$,则边长$a=$( ).

   A. $\sqrt{3}$　　B. $2\sqrt{3}$　　C. $\sqrt{3}$或$2\sqrt{3}$　　D. $\sqrt{6}$

### 二、典型例题

**例1** 如图6-4-1所示,在$\triangle ABC$中,已知$a=13$,$b=8$,$A=120°$,解这个三角形.

解:因为$A$是钝角,$a>b$,所以问题有一个解.

(1) 由 $\dfrac{a}{\sin A}=\dfrac{b}{\sin B}$,得

$$\sin B=\dfrac{b\sin A}{a}=\dfrac{8\sin 120°}{13}=0.5329,$$

所以 $B=32.2°$;

(2) $C=180°-(A+B)=180°-(120°+32.2°)=27.8°$;

(3) 由 $\dfrac{c}{\sin C}=\dfrac{a}{\sin A}$,得

$$c=\dfrac{a\sin C}{\sin A}=\dfrac{13\sin 27.8°}{\sin 120°}\approx 7.$$

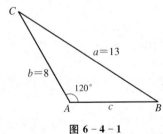

图6-4-1

**例 2** 如图 6-4-2 所示,为了测量和对岸的两点 $A$,$B$ 之间的距离,在河岸这边取点 $C$,$D$,测得 $\angle ADC = 85°$,$\angle BDC = 60°$,$\angle ACD = 47°$,$\angle BCD = 72°$,$CD = 100$ m,设 $A$,$B$,$C$,$D$ 在同一平面内,试求 $A$,$B$ 之间的距离.

解:在 $\triangle ADC$ 中,$\angle ADC = 85°$,$\angle ACD = 47°$,则 $\angle DAC = 48°$.

又 $DC = 100$,由正弦定理,得

$$AC = \frac{DC\sin\angle ADC}{\sin\angle DAC} = \frac{100\sin 85°}{\sin 48°} \approx 134.05(\text{m}).$$

在 $\triangle BDC$,$\angle BDC = 60°$,$\angle BCD = 72°$,则 $\angle DBC = 48°$.

又 $DC = 100$,由正弦定理,得

$$BC = \frac{DC\sin\angle BDC}{\sin\angle DBC} = \frac{100\sin 60°}{\sin 48°} \approx 116.54(\text{m}).$$

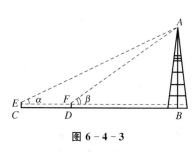

图 6-4-2

在 $\triangle ABC$ 中,由余弦定理,得

$$AB^2 = AC^2 + BC^2 - 2AC \cdot BC\cos\angle ACB$$
$$= 134.05^2 + 116.54^2 - 2 \times 134.05 \times 116.54\cos(72° - 47°)$$
$$\approx 3\,233.95,$$

所以 $AB \approx 57(\text{m})$

答:$A$,$B$ 两点之间的距离约为 57 m.

 **例 3** 在 $\triangle ABC$ 中,已知 $\dfrac{a}{\cos A} = \dfrac{b}{\cos B} = \dfrac{c}{\cos C}$,试判断 $\triangle ABC$ 的形状.

解:令 $\dfrac{a}{\sin A} = k$,由正弦定理,得

$$a = k\sin A, b = k\sin B, c = \sin C.$$

代入已知条件,得

$$\frac{\sin A}{\cos A} = \frac{\sin B}{\cos B} = \frac{\sin C}{\cos C},$$

即 $\tan A = \tan B = \tan C.$

又 $A$,$B$,$C \in (0, \pi)$,

所以 $A = B = C$,从而 $\triangle ABC$ 为正三角形.

### 三、巩固提高

1. 根据下列条件解三角形(边长精确到 1,角度精确到 1°):
   (1) $A = 75°$,$B = 50°$,$b = 6$;  (2) $a = 32$,$c = 23$,$B = 150°$.

2. 在 $\triangle ABC$ 中,$b = 6$,$c = 5$,$S_{\triangle ABC} = \dfrac{15}{2}$,求 $a$.

3. 平行四边形两条邻边的长分别是 $4\sqrt{6}$ cm 和 $4\sqrt{3}$ cm,它们的夹角是 45°,求这个平行四边形的两条对角线的长与它的面积.

4. 如图 6-4-3 所示,从 $C$,$D$ 两处测量河对岸的电视塔高 $AB$,这两处与塔底在一条同一水平高度的直线上,测得仰角 $\alpha = 25°$,$\beta = 35°$,$C$,$D$ 间相距 12 m,测角仪高 1.5 m,电视塔高多少?

# 小 结

本章主要学习了正弦定理、余弦定理以及正弦定理、余弦定理在解决实际问题中的简单应用.

## 一、知识结构

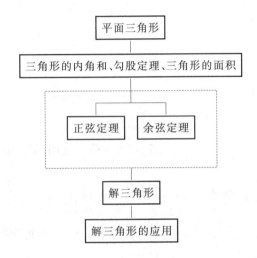

## 二、本章回顾

正弦定理、余弦定理是反映三角形边、角关系的主要定理. 利用正弦定理、余弦定理,可以将三角形中的边的关系与角的关系进行相互转化,许多几何问题也可以转化为解三角形的问题来研究.

## 三、复习题

1. 在 $\triangle ABC$ 中,

   (1) 已知 $a=1$, $A=60°$, $c=\dfrac{\sqrt{3}}{3}$,求 $C$;

   (2) 已知 $a=2$, $b=\sqrt{2}$, $c=\sqrt{3}+1$,求 $A$;

   (3) 已知 $a=3\sqrt{3}$, $c=2$, $B=150°$,求 $b$.

2. 在 $\triangle ABC$ 中,$A=120°$, $a=7$, $b+c=8$,求 $b$.

3. 在 $\triangle ABC$ 中,$\sin A : \sin B : \sin C = 3 : 5 : 7$,求最大内角的度数.

4. 在 $\triangle ABC$ 中,已知 $a-b=c\cos B-c\cos A$,判断 $\triangle ABC$ 的形状.

5. 如图 6-5-1 所示,已知平行四边形 $ABCD$ 的对角线 $AC=57$ cm,它与两条邻边 $AB$ 和 $AD$ 的夹角分别是 $\alpha=27°$ 和 $\beta=35°$,求 $AB$ 和 $AD$(精确到 1 cm).

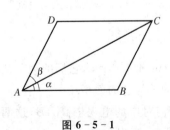

图 6-5-1

6. 海上有 $A$,$B$ 两个小岛相距 10 n mile,从 $A$ 岛望 $C$ 岛和 $B$ 岛所成的视角为 $60°$,从 $B$ 岛望 $C$ 岛和 $A$ 岛所成的视角为 $75°$,试求 $B$ 岛和 $C$

岛间的距离.

7. 如图 6-5-2 所示,小山上的电视发射塔 AB 的高为 50 m,在山下地面 C 点,测得塔底 B 的仰角为 40°,塔顶 A 的仰角为 70°,求小山的高(精确到 1.01 m).

8. A、B 两个小岛相距 21 mile,B 岛在 A 岛的正南方,现在甲船从 A 岛出发,以 9 mile/h 的速度向 B 岛行驶,而乙船同时以 6 mile/h 的速度离开 B 岛向南偏东 60°方向行驶,问行驶多少时间后,两船相距最近,并求出最近距离.

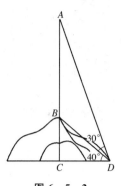

图 6-5-2

# 附 录

 阅读材料 1

## 古今中外话数列

中国数学家很早就认识了等差级数,在中国古代数学书《周髀算经》里就谈到"七衡"(日月运行的圆周),七衡的直径和周长都是等差数列.约在公元 1 世纪的中国重要数学著作《九章算术》里,在"衰分"和"均输"两章里的问题就和等差级数有关.宋朝时对等差级数和高阶等差级数研究最有卓越贡献的是数学家杨辉、沈括等.在沈括之后,13 世纪时的杨辉发展了"垛积术",他提出的一个问题是:"今有圭垛草一堆,顶上一束,底阔八束.问共几束?"他还提出下列三角垛公式:

$$1+(1+2)+(1+2+3)+\cdots+(1+2+3+\cdots+n)=\frac{1}{6}n(n+1)(n+2).$$

中国对等比数列的研究也有许多记载.例如,《九章算术》中有这样一个问题:"今有女子善织,日自倍,五日织五尺.问日织几何?"题意为,女子每天织布的尺数是前一天的两倍,五天共织布 5 尺,问每天各织多少尺.又如,明代的《算法统宗》卷共有三道用歌诀写出的等比数列问题,其一为"远望巍巍塔七层,红光点点倍加增.共灯三百八十一,请问尖头几盏灯?"

1785 年,德国数学家高斯年仅 8 岁,在农村的一所小学里念一年级.一天,老师给学生们出了一道算术题:"你们算一算,1 加 2 加 3,一直加到 100,等于多少?"不到 1 分钟的功夫,小高斯说:"老师,我算出来了……"

老师低头一看,看见上面端端正正地写着"5 050",不禁大吃一惊.他简直不敢相信,这样复杂的题,一个 8 岁的孩子,用不到 1 分钟时间就算出了正确的得数.要知道他自己算了一个多小时,算了三遍才把这道题算对.他问小高斯:"你是怎么算的?"小高斯回答说:"我不是按照 1、2、3 的次序一个一个往上加的.老师,你看,一头一尾的两个数的和都是一样的:1 加 100 是 101,2 加 99 是 101,3 加 98 也是 101……把一前一后的数相加,一共有 50 个 101,101 乘以 50,得 5 050."小高斯的这种算法就是古代数学家长期努力才找出来的求等差级数的和的方法.

据说,印度数学家西萨·班在当宰相的时候,发明了国际象棋,国王打算重赏这位聪明的宰相.一天,国王把宰相叫来:"说吧,你要什么,我都能满足你."宰相说:"陛下,我想向你要一点粮食,然后将它们分给贫困的百姓",国王高兴地同意了.

"请您派人在这张棋盘的第一个小格内放上一粒麦子,在第二格放两粒,第三格放四粒…照这样下去,每一格内的数量是前一格数量的2倍."国王许诺了宰相这个看起来微不足道的请求.

当时所有在场的人眼看着仅用一小碗麦粒就填满了棋盘上十几个方格,禁不住笑了起来,连国王也认为西萨太傻了.随着放置麦粒的方格不断增多,搬运麦粒的工具也由碗换成盆,又由盆换成箩筐.即使到这个时候,大臣们还是笑声不断,甚至有人提议不必如此费事了,干脆装满一马车麦子给西萨就行了!

不知从哪一刻起,喧闹的人们突然安静下来,大臣和国王都惊诧得张大了嘴;因为,即使倾全国所有,也填不满下一个格子了!

千百年后的今天,我们都知道事情的结局:国王无法实现自己的承诺.这是一个长达20位的天文数字(18 446 744 037 709 551 618颗麦粒)!这么多的麦粒相当于当时全世界两千年的小麦产量.

再看这个例子。现在有1 000个苹果,分别装到10个箱子里,要求不拆箱,随时可以拿出任何数目的苹果来,是否可行?若不行,请说明理由;若行,如何设计?

这是美国微软公式副总裁在北京招聘两所知名大学的大学生的面试题.

分析:条件中没有给出足够的多的箱子,总共只有10个箱子,因此应尽量少用箱子,看是否可行.联想到我们平时使用的货币面额的种类进行购物,有助于我们研究该问题.

通过探索可发现一个结论:每新用的一个箱子所装的苹果数应是已装各箱子内的苹果数的总和加一.

因此,不难判断,可设计一个可行的方案,各箱子所装的苹果数应为:1,2,4,8,16,32,64,128,256,489.可见这是一个基本的等比数列问题.

 **阅读材料2**

## 对数发明者:纳皮尔

对数是初等数学中的重要内容,那么当初是谁首创了"对数"呢?在数学史上,一般认为对数的发明者是16世纪末到17世纪初的苏格兰数学家——纳皮尔.在纳皮尔那个时代,"指数"这个概念还尚未形成,因此纳皮尔并不是像现在代数课本中那样,通过指数来引出对数,而是通过研究直线运动得出对数的概念.

那么,当时纳皮尔所发明的对数运算,是怎么一回事呢?在那个时代,计算多位数之间的乘积,还是十分复杂的运算,因此纳皮尔首先发明了一种计算特殊多位数之间乘积的方法.让我们来看看下面这个例子:

0，1，2，3，4，5，6，7，8，9，10，11，12，13，14，……

1，2，4，8，16，32，64，128，256，512，1 024，2 048，4 096，8 192，16 384，……

这两行数字之间的关系是极为明确的：第一行表示 2 的指数，第二行表示 2 的对应幂．如果我们要计算第二行中两个数的乘积，可以通过第一行对应数字的加和来实现．

比如，计算 64×256 的值，就可以先查询第一行的对应数字：64 对应 6，256 对应 8；然后再把第一行中的对应数字加和起来：6+8=14；第一行中的 14，对应第二行中的 16 384，所以有：64×256=16 384．

经过多年的探索，纳皮尔于 1614 年出版了他的名著《奇妙的对数定律说明书》，向世人公布了他的这项发明，并且解释了这项发明的特点．纳皮尔对数的诞生竟然比底数和幂指数的普遍使用还要早，真可谓数学史上的珍闻．所以，纳皮尔是当之无愧的对数缔造者．恩格斯在他的著作《自然辩证法》中，曾经把笛卡儿的坐标、纳皮尔的对数、牛顿和莱布尼兹的微积分共同称为 17 世纪的三大数学发明．法国著名的数学家、天文学家拉普拉斯曾说："对数，可以缩短计算时间，在实效上等于把天文学家的寿命延长了许多倍"．

对数的发明和使用，是计算方法的一次革命．对数由于实用方便，使计算技术得以大大简化．因此，它的发明不到一个世纪，几乎传遍了全世界，成为不可缺少的计算工具．对数计算技术在当时所产生的影响，正如今天计算机对现代科学的促进，尤其是天文学家几乎以狂喜的心情来接受这一发现．开普勒发现行星运动的三大定律，曾得益于纳皮尔的对数表；伽利略甚至说："给我一个空间、时间及对数表，我即可创造一个宇宙"．

 **阅读材料 3**

## 三角学的历史

早期"三角学"不是一门独立的学科，而是依附于天文学，是天文观测结果推算的一种方法．三角学的发展大致分为三个时期．

第一时期：三角测量（从远古到 11 世纪）．埃及、巴比伦、中国、印度等文明古国很早就开始利用三角形的性质，借助于晷表进行天文测量、测高、测远的研究，这就是三角测量．这一时期的数学家著作还未涉及角函数的概念，甚至没有提出三角形中边与角之间的关系．

第二时期：三角学的建立（11 世纪到 18 世纪）．三角学脱离天文学而独立为数学的一个分支．在这一时期编制了大量的三角函数表．16 世纪三角函数表的制作首推奥地利数学家雷蒂库斯，雷蒂库斯首次编制出全部 6 种三角函数的数表．应该说三角函数表的应用一直占据重要地位，在科学研究与生产生活中发挥着不可替代的作用．

第三时期：三角函数及其应用（18 世纪以后）．以欧拉的《无穷小分析引论》为代表，三角学才完全演变成研究三角函数及其应用的一门数学学科．

中国有关三角的测量出现很早.传说公元前21世纪大禹治水时,就曾运用"规""矩"(矩是直角尺),依据三角形的边角关系进行测量,《周髀算经》中有较详细的记载.

我国古代最重要的数学经典——《九章算术》有专门的"勾股"章,其中八个问题都是测量问题,并详细给出了利用三角形和出入相补原理进行测量的方法.《九章算术》中的测量问题,大都通过一次测量就可以解决,对于通过两次测量求解的问题,这就是古代的"重差术".我国古代著名的数学家刘徽对于此法有独到的研究,他所撰写的"重差"一卷,列为《九章算术注》的第十章,它由第一个提问"今有望海鸟……"所引出的9个问题,都是利用出入相补原理解三角形的.这些题目的创造性、复杂性和代表性足以看出刘徽在测量术方面造诣之深.

刘徽的"重差术"为历史上数学家们所效仿,在宋元时期,秦九韶的《数书九章》是一部划时代的巨著,书中关于测量问题共有9个,其中"遥度圆城"、"望敌圆蕾"等都是创新的.近代的数学家李治《测圆海镜》也有重要的测量原理,总之,我国早期在测量术方面的成就,当时在世界上是遥遥领先的.

公元7世纪至15世纪,阿拉伯人建立了平面三角与球面三角公式,创建了大量的三角函数表,建立了独立的三角函数分支;16世纪至18世纪,由欧洲的第一部系统的三角学专著《论各种三角形》发表,欧洲的三角学体系不断完备,逐步确立了它在科学界的地位.特别是在18世纪以后,瑞士的著名数学家欧拉对三角学的研究,使三角学从静态的研究三角形解法的束缚下解放出来,成为用三角函数反映客观世界的有关运动变化过程的一个分析学的分支,至此,一门具有广泛意义和实用价值的三角学体系就完全建立起来了.

中国古代一直没有出现角函数的概念,三角学范围内的一些实际问题,只用勾股定理和出入相补原理解决.在三角学体系发展、完备的过程中,三角学逐步地传入到我国.在明崇4年(1631年),我国出版了第一部三角学《大测》(瑞士传教士邓玉、德国传教士汤若望、徐光启合编).后徐光启又编写了《测图八线表六卷》、《测图八线立成表四卷》三角函数表,"八线"是指八种三角函数:正弦、余弦、正切、余切、正割、余割、正失、余失.1653年的《三角算法》(薛风祚、波兰传教士穆尼阁合编),以"三角"取代了"大测",确立了"三角"的名称.1873年华蘅芳与英国传教士傅兰雅合译了英国《三角数理》,这是三角学第二次传入我国,当时三角、八线并称,后来八线之名被淘汰,只剩下六线,实际常用的只有四线(正弦、余弦、正切、余切).1935年,中国数学学会名词审查委员会将"Trigonometry"定为三角学(或三角法、三角术).

# 本书部分常用符号

| | | |
|---|---|---|
| $\in$ | $x \in A$ | $x$ 属于 $A$；$x$ 是集合 $A$ 的一个元素 |
| $\notin$ | $y \notin A$ | $y$ 不属于 $A$；$y$ 不是集合 $A$ 的一个元素 |
| $\{\mid\}$ | $\{x \mid P(x), x \in A\}$ | 使命题 $P(x)$ 为真的元素 $x$ 的集合 |
| $\varnothing$ | | 空集 |
| $\mathbf{N}$ | | 非负整数集；自然数集 |
| $\mathbf{N}^*$ 或 $\mathbf{N}_+$ | | 正整数 |
| $\mathbf{Z}$ | | 整数集 |
| $\mathbf{Q}$ | | 有理数集 |
| $\mathbf{R}$ | | 实数集 |
| $\subseteq$ | $B \subseteq A$ | $B$ 包含于 $A$；$B$ 是 $A$ 的子集 |
| $\subset$ | $B \subset A$ | $B$ 真包含于 $A$；$B$ 是 $A$ 的真子集 |
| $\cup$ | $A \cup B$ | $A$ 与 $B$ 的并集 |
| $\cap$ | $A \cap B$ | $A$ 与 $B$ 的交集 |
| $\complement_U B$ | | $U$ 中子集 $B$ 的补集或余集 |
| $f: A \to B$ | | 集合 $A$ 到集合 $B$ 的映射 |
| $\sin x$ | | $x$ 的正弦 |
| $\cos x$ | | $x$ 的余弦 |
| $\tan x$ | | $x$ 的正切 |
| $S_{\triangle ABC}$ | | $\triangle ABC$ 的面积 |
| $a_n$ | | 数列 $\{a_n\}$ 的通项公式 |
| $S_n$ | | 数列的前 $n$ 项和 |

图书在版编目(CIP)数据

数学(一)/孔宝刚总主编.—2版.—上海：复旦大学出版社,2014.7(2020.8重印)
ISBN 978-7-309-10733-3

Ⅰ.数… Ⅱ.孔… Ⅲ.学前儿童-数学教学-幼儿师范学校-教材 Ⅳ.G613.4

中国版本图书馆CIP数据核字(2014)第119535号

数学(一)(第二版)
孔宝刚　总主编
责任编辑/黄　乐

复旦大学出版社有限公司出版发行
上海市国权路579号　邮编：200433
网址：fupnet@fudanpress.com　http://www.fudanpress.com
门市零售：86-21-65102580　团体订购：86-21-65104505
外埠邮购：86-21-65642846　出版部电话：86-21-65642845
浙江临安曙光印务有限公司

开本890×1240　1/16　印张12.5　字数351千
2020年8月第2版第5次印刷
印数24 001—27 100

ISBN 978-7-309-10733-3/G·1368
定价：29.00元

如有印装质量问题,请向复旦大学出版社有限公司出版部调换。
版权所有　侵权必究